基金项目：

国家社会科学基金教育学青年课题（项目编号：CJA160194）

江西科技师范大学博士科研启动基金项目（项目编号：2023BSQD49）

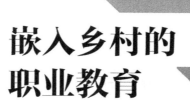

嵌入乡村的
职业教育

赣南兴国县的微观考察

谢元海◎著

江西人民出版社
Jiangxi People's Publishing House
全国百佳出版社

图书在版编目（CIP）数据

嵌入乡村的职业教育：赣南兴国县的微观考察／谢
元海著. -- 南昌：江西人民出版社，2024. 6. -- ISBN
978-7-210-15561-4

Ⅰ. G725

中国国家版本馆 CIP 数据核字第 2024LC1804 号

嵌入乡村的职业教育:赣南兴国县的微观考察

QIANRU XIANGCUN DE ZHIYEJIAOYU:GANNAN XINGGUOXIAN DE WEIGUAN KAOCHA

谢元海　著

责 任 编 辑:蒲　浩
封 面 设 计:同异文化传媒

 出版发行

地　　　址:江西省南昌市三经路 47 号附 1 号(邮编:330006)
网　　　址:www. jxpph. com
电 子 信 箱:jxpph@ tom. com
编辑部电话:0791-86898965
发行部电话:0791-86898815
承　印　厂:江西新华印刷发展集团有限公司
经　　　销:各地新华书店

开　　　本:720 毫米×1000 毫米　1/16
印　　　张:15. 75
字　　　数:203 千字
版　　　次:2024 年 6 月第 1 版
印　　　次:2024 年 6 月第 1 次印刷
书　　　号:ISBN 978-7-210-15561-4
定　　　价:68. 00 元
赣版权登字-01-2024-266

目 录

▶▶第一章　绪　论

纵观近代以来中国乡村的发展,在城市化、工业化的发展模式下,传统乡村社会不同程度地"空心化""原子化",逐步荒芜,产业颓废、文化式微。乡村的衰败引起了社会各界的反思,尤其是新世纪以来,随着社会各界对城乡二元结构模式和激进的城镇化道路的深入反思,国家开始实施"工业反哺农业""城市反哺农村"等具体举措,平衡城乡之间的发展;2005年国家开始实施社会主义新农村建设,加速推进乡村的发展;2017年,党的十九大报告中正式提出了乡村振兴战略,强调"三农"问题是关系国计民生的根本性问题,要坚持农业农村优先发展。乡村发展的时空背景之下,各界逐步认识到发展乡村职业教育的重要性,急需通过大力发展乡村职业教育来革新乡村民众落后的思想、推广现代技术,服务乡村振兴。

第一节　选题缘由

乡村振兴战略是新时代国家对"三农"工作的新部署,作为中国近一百年来探索乡村建设道路的历史延续，[1]实施乡村振兴战略是实现全体人民共同富裕的必然选择。在这一背景下，乡村振兴已成为实践和理论界的共识性语境，从不同角度积极探寻乡村振兴的研究方兴未艾。而发展教育，尤其是发展职业教育，是乡村社会的发展、民众思想观念的更新、技能素质的提高最为重要的路径。因此，探讨乡村振兴背景下的乡村职业教育发展问题尤为迫切和必要。

一、历史之问：回答历史的"新问题"

晚清已降，中国乡村走向衰落，探求中国乡村的发展成为几代中国人孜孜以求的美好愿景。早在上世纪初，随着自然经济解体，乡村走向衰败，一批有识之士开始将目光投入中国乡村，关注乡村教育。尤其是 20 世纪二三十年代，一大批知识分子怀抱教育救国之愿望，开展了轰轰烈烈的乡村建设运动，他们关注贫苦农民生计，扎根底层，注重调查研究和区域试验，躬行乡村职业教育改革之实践。然而时过境迁，当下中国乡村依旧面临众多的问题，并以新的形式呈现，破解乡村发展之问是一个历史的"新问题"。

乡村中国、乡土重建既是 20 世纪中国知识分子的忧思，亦是我们这一代人需要回答的重要问题。可以说，当下中国知识分子对于乡村问题的研究是对 20 世纪上半叶乡土中国研究的认同、回归、反思和拓展。从某种意义上说，有着共同使命的新老世纪的中国知识分子心灵是相通的，我们完全可以而事实上也是在与先辈们进行超越时空的"对话"中，获得对乡土社会及其变迁的新认识。[2] 要真正认识中国社会，就必须从认识

---

① 张海鹏、郜亮亮、闫坤：《乡村振兴战略思想的理论渊源、主要创新和实现路径》，《中国农村经济》2018 年第 11 期。

② 李富强：《现代背景下的乡土重构》，博士学位论文，中央民族大学，2008 年。

中国乡村开始,乡村问题是近代以来中国发展所面临的最重要的问题之一。当下对于乡村社会议题的多重讨论,从深度上则标领着一个时代问题的长时段历史追溯与内在学术理路。[①] 对于乡村问题的忧思,需要我们以乡村职业教育为重要抓手,尝试着回答乡土中国这个"历史的新问题"。

二、时代之命:承担时代发展之使命

随着社会经济的发展和新型城镇化的推动,乡村人口大规模向城镇集中的阶段已经过去,逆城镇化、城乡一体化、乡村生活的重新复兴,将会是未来新型城镇化发展的大趋势。[②] 乡村的发展越来越受重视,整个社会发展进入工业反哺农业、城市反哺农村的新阶段。国家层面上,自上而下地积极推动乡村建设,从社会主义新农村建设、美丽乡村建设,再到党的十九大提出的乡村振兴战略,中国乡村迎来了前所未有的大发展时机。乡村振兴战略的提出标志着乡村振兴成为未来较长一段时期内处理城乡关系的基调,成为这个时代最为重要的命题。

乡村振兴是一个系统工程,涉及产业、人才、文化、生态和组织等各个方面,急需通过发展乡村职业教育来获得现代技术支撑、培养各类乡村人才。因而,发展乡村职业教育既是实施乡村振兴的重要抓手,又是实现乡村振兴的一个重要方面。乡村职业教育肩负着为乡村振兴提供现代技术支撑、各类技术技能人才保障和智力支持的时代使命。在新的发展阶段,如何将乡村职业教育嵌入乡村建设中,发展服务于乡村经济社会发展所需的乡村职业教育则是作为职业教育研究者的时代使命。

---

① 王旭:《近代中国乡村社会变迁的历史图景——王先明〈乡路漫漫:20 世纪之中国乡村(1901—1949)〉评析》,《史学月刊》2018 年第 11 期。

② 李培林:《中国乡村人口大规模向城镇集中阶段已过去》,《农村工作通讯》2017 年第 2 期。

三、现实之困：破解乡村发展之难题

赣南属于南方丘陵地区，与闽西南、粤东北毗连，是三大客家人聚居地之一，曾是全国较大的集中连片特殊困难地区，赣南乡村是典型的南方乡村。民国时期，赣南是国共两党乡村建设的试验区，尤其是兴国县，它是著名的苏区县、将军县。

新中国成立后，特别是改革开放以来，在时代的大潮中，兴国县乡村经历了巨大的历史变迁，面临诸多的问题。从乡村社会层面来看，乡村大量人口流失，逐步荒芜贫困，中国的贫困人口主要集中在乡村地区，且大多数贫困人口缺乏谋生技能；从乡村经济角度看，乡村经济产业结构亟须转型升级，发展现代农业、乡村工业和第三产业，但是却缺乏各类技术技能人才和管理人才，乡村职业教育难以满足其发展需要；从乡村文化层面看，乡村传统文化的消失，传统技艺的失传，这些都有赖于发展乡村职业教育予以传承和发展。随着乡村振兴战略的实施，兴国县作为典型的赣南苏区县，其乡村的发展亦显得尤为重要。乡村振兴发展的关键是"人"，包括各类技术技能人才和管理人才。如何培养人？如何留住人？如何吸引人？这些都与乡村职业教育发展紧密相关。在这样的背景下，如何通过发展乡村职业教育，将现代技术"自上而下"推广服务于乡村建设，将"自下而上"的乡村传统文化技艺自觉与国家资源进行对接来开展乡村建设，推进乡村振兴，实现可持续发展，是一个亟待破解的问题。

此外，赣南是笔者生于斯长于斯的故乡，笔者从赣南乡村走来，那里的一切都是那么熟悉而又亲切，一直以来想做的该做的就是关注那片乡土以及土地上生活的人们：关注乡村居民生计与生活；关注乡村的生态，以至整个乡村的生命。选择研究赣南乡村职业教育的发展既带有一份故土之情，更是一份沉甸甸的责任。

第二节　核心概念界定

　　概念的界定是研究的前提,通过概念来对相关事物进行科学合理的界定,梳理其内涵与外延,有助于将原本杂乱无章的事物清晰化、条理化。[①] 本研究中,需要界定"乡村"与"农村"、"农村教育"与"乡村教育"、"农村职业教育"与"乡村职业教育"等几组概念,这些概念的界定对于后续的研究具有重要的意义。

一、乡村

　　"乡村"一词来源于古代的行政建制,即周代开始的乡制。根据《周礼》的记载,西周时期,王畿以城周围百里为郊,郊内设乡,郊外设遂。《周礼·地官·大司徒》云:"王子公卿大夫采地","令五家为比,使之相保;五比为闾,使之相爱;四闾为族,使之相葬;五族为党,使之相救;五党为州,使之相周;五州为乡,使之相宾"。[②]即西周时期以 12500 家为一乡,乡设乡大夫,由卿担任。公元前 221 年,秦始皇建立了统一的多民族国家后,废除了周代的分封制度,实行郡县制,全国分为 36 个郡,同时设置了乡亭里三级乡制,其中以百户为一里,十里为一亭,十亭为一乡。

　　近代以来,随着城市的发展,"乡村"一词则成了区别于"城市"的概念,如学者们在著作中纷纷指出"乡村"……所以别于城市者[③]、"乡村"……为别于城市者。就中国而言,即全国之最大多数民众所居住之场所

---

　　① 郑永年等:《"如何构建中国特色哲学社会科学体系"(笔谈之一)》,《文史哲》2019 年第 1 期。

　　② 侯保疆:《乡镇建制:历史、现状及未来》,《汕头大学学报(人文社会科学版)》2005 年第 4 期。

　　③ 喻渼烈:《乡村教育》,商务印书馆 1927 年版,第 4 页。

也。① 乡村是指城市之外的所有地区，且中国大多数人居住在乡村。

在现代社会，乡村是一个管理区域概念，主要从地理区域角度来讲，指的是乡政权管理的地区。从行政区划的角度来看，根据 2008 年国家统计局颁布的《统计上划分城乡的规定》，我国在地域划分上分为城镇和乡村两类，其中城镇又包括了城区和镇区。城区是指在市辖区和不设区的市，区、市政府驻地的实际建设连接到的居民委员会和其他区域；镇区则是指在城区以外的县人民政府驻地和其他镇，政府驻地的实际建设连接到的居民委员会和其他区域。乡村是指本规定划定的城镇以外的区域。② 此外，镇实际上在我国一般是作为城市和农村的中间体，可分为县镇、乡级镇和村镇三类。县镇即县政府所在地，又称县城，是重要的基础行政区划单位，其社会及经济功能比较完整，有农、工、商、党、政、财、文等系统，具有工业社会的特点。乡镇和村镇在城市化发展程度不高时称为集镇，它是农村基层的区域性经贸集散地。③ 可见，乡村一般是县以下区域，不含县镇。即乡村是指城镇之外的广阔区域，包括广大乡镇和村落。

关于"农村"和"乡村"的概念，二者之间具有很多的重合性，也存在一些区别。在《现代汉语词典》中，农村被定义为"以从事农业生产为主的人聚居的地方"④，一方面是从区域范围的划分出发，表示的是一个地理意义的概念，另一方面也表达了产业区域概念，指的是以农业为基本产业的地区，所以也带有劳动分工和阶层划分的烙印。而"乡村"是指主要从事农业，人口分布较城镇分散的地方，"乡村里的人民，除去种地的农夫而外，还有渔夫樵夫，小工小商，一个乡村的居民，或纯为农者渔者，或

① 赵质宸：《乡村教育概论》，京城印书局 1933 年版，第 1 页。
② 国家统计局：《统计上划分城乡的规定》，国家统计局网站，2006 年 10 月 18 日。
③ 庞守兴：《困惑与超越：新中国农村教育忧思录》，广西师范大学出版社 2003 年版，第 6 页。
④ 中国社会科学院语言研究所词典编辑室编：《现代汉语词典》，商务印书馆 2016 年第 7 版，第 960 页。

纯为工者商者,这得看乡民所处的乡村环境怎样"①,所以,乡村的概念包含着农村。

随着乡村产业结构的变化和调整使得"农村"概念带有较强的产业特色,即"农村"的概念对应农业等第一产业,"乡村"包含了一种改变传统"农村"概念内涵的愿望。自近代工业化以来,我国产业结构的变化使"农村"的概念具有局限性,而"乡村"则不同,它具有更大的宽容性,是政治、文化意义上的乡镇大社区的概念,包括了乡(镇)与乡村两种社区构成的社会生活范围。在这种界定下的乡村是我们视野里的乡村。②

综上所述,在本研究中所指的"乡村",从地理区域角度来看,是指县域范围内的乡(及镇)与村两种社区构成的社会生活范围,同时还包括县城,因为县城一般设在大的乡镇,是传统意义上的乡村,经济文化等与乡村联系紧密,具有统一性;从经济结构来讲,乡村不再是传统意义上的农村、农业经济体了,乡村不仅有农业,还有工业、第三产业等,是一个综合的经济体;此外,本研究所指的"乡村"还应该是个具有独特的传统文化和技艺的文化共同体。

二、农村教育与乡村教育

关于农村教育的概念,学界主要从农村地域视角出发进行界定:一是强调农村教育的类型和形式,指出农村教育包括农村地区的基础教育、职业技术教育和成人教育三种类型,具体形式上包括以获取文凭为目的全日制正规学校教育和非正规的成人扫盲学习以及技能培训。③ 二是强调

---

① 王培祚:《乡村社会与今后之乡村教育》,《山东民众教育月刊》1934年第3期。
② 李红艳:《构建中国乡村传播学》,《中华读书报》2005年7月20日。
③ 国家教育委员会、中国联合国教科文组织全国委员会编:《当代国际农村教育发展的改革大趋势(农村教育国际研讨会论文集)》(上),教育科学出版社1993年版,第225页。

农村教育的地域范围,即强调农村教育是县以下地区包括农村小城镇的教育。[1] 即将县(含县级市)及其所辖乡(镇)、村范围的各级教育活动称作农村教育,是相对于城市教育而言的。[2]此外,还有学者从受教育对象和教育目标出发,把发生在农村、以农村人口为对象并为农村经济和社会发展服务的教育称为农村教育。[3] 综上,本研究将农村教育界定为:县以下的农村地区(不含县城)的、以农村人口为对象的基础教育、职业教育和成人教育等各类教育。

关于乡村教育,其概念内涵有宏观、中观及微观之分。宏观层面上的乡村教育既包括乡村的学校教育,也包括其他非正式、非正规的乡村教育活动,同时,还包括城市里的直接或间接服务于乡村发展需要的普通高等教育与中等、高等职业教育等。[4] 简言之,宏观上的乡村教育泛指为乡村建设和发展服务的一切教育。中观层面上的乡村教育从地域范围上作出了限定,仅指在乡村地区的教育,从形式上看,包括在乡村的学校教育和乡村其他的非正式的文化、风俗等传承教育活动。在微观层面上的乡村教育范围进一步限定了,仅指乡村的学校教育,即在乡村地区作为正式的社会机构的学校内所开展的对乡村入学者的有目的、有组织的、以影响其身心发展为直接目标的实践活动。

乡村永远是一种社会形态,而有乡村必定有乡村教育。[5] 本研究认为,乡村教育不仅仅是空间和时间的概念,更应该是一种文化价值层面的存在,故本研究所讨论的乡村教育特指中观层面上的乡村教育,即乡村教育是指在乡村的、以服务乡村社会发展和乡村居民个体发展为目标的乡

---

① 杜育红:《农村转型与农村教育发展的战略选择》,《人民教育》,2004 年 20 期。
② 滕纯:《中国农村教育综合改革》,陕西人民教育出版社 1998 年版,第 6 页。
③ 陈敬朴:《农村教育概念的探讨》,《教育理论与实践》1999 年第 11 期。
④ 田静:《教育与乡村建设》,博士学位论文,华东师范大学,2011 年。
⑤ 成尚荣:《"超越",引领乡村教育的"永远"》,《江苏教育》2011 年第 5 期。

村学校教育和其他非正式、非正规的一切文化、风俗等教育活动,其中农村教育是乡村教育最为重要的组成部分。

三、农村职业教育与乡村职业教育

传统语境中的农村职业教育一般是指农村中的职业教育,指适应农村发展的要求,在一定文化水平的基础上,培养人们能够从事某种农村职业的一种专门化教育。① 农村职业教育强调的是教育的区域性,是与城市职业教育相对应的教育,其培养目标是为农村发展服务,尤其是为农业发展培养人才,这一概念在一定的历史时期内是有其合理性的。刘春生等则将农村职业教育定义为"在一定的文化基础上,对农村广大求业人员所进行的种植、养殖、加工、运输、服务等方面的专业知识和职业技能教育"②。这一定义具有开放性和科学性:从内容上看,农村职业教育的范围从农业扩大到第二、三产业;从区位上看,没有把农村职业教育局限在农村。这一定义在解决"三农"问题的今天看来更具有现实意义。③ 该定义打破了农业职业教育仅限于农业第一产业这一局限性,具有较大的突破。但是以上这些对农业职业教育的定义都还是狭义层面的关于学校的学历职业教育,没有包括职业培训等其他形式的职业教育。为适应时代发展的需求,有学者提出农业职业教育应该放在大职业教育观下来进行界定,即农业职业教育"主要是指以县及县以下整个农村地区为中心,以为农村现代化发展服务为目标,以农村青少年和农村劳动者为对象,以学校职业教育和社会职业教育为形式所进行的学历或者非学历化的教育和

---

① 王焕勋主编:《实用教育大词典》,北京师范大学出版社 1995 年版,第 326 页。
② 刘春生、王虹主编:《农村职业教育学》,高等教育出版社 1992 年版。
③ 刘春生、刘永川:《"三农"背景下农村职业教育内涵探析》,《职教通讯》2005 年第 9 期。

培训"①。这一定义进一步扩大了农村职业教育的外延，将非学历教育的职业培训纳入了农村职业教育的范围。

传统语境中农村职业教育的概念更多的是指涉农的职业教育，等同于是农业职业教育，其范围是服务传统农村地区、服务产业是农业及相关产业、服务对象是生活在农村地区的居民等等。但是随着乡村社会的发展，乡村经济发展不再是单纯的围绕第一产业，而是发展第二产业、第三产业，促进乡村一二三产业融合发展。因此，相比于农业职业教育与农村职业教育，乡村职业教育更符合当下乡村社会发展的实际。乡村职业教育的概念符合乡村社会的实际，"改变传统'农村概念的内涵'""是基于我国加速的城镇化和工业化发展趋势的考虑。这种概念的替代，将是一个生产力发展的一个新进程的标志，是社会发展、文化发展的一个新标志"②，乡村职业教育区别于以往单纯的"农业教育"概念和"农业职业教育"概念，它是一个综合概念，是一个大职业教育概念，主要侧重于农村劳动力资源的开发和合理配置等问题。③"乡村职业教育"这一名称更能反映农村职业教育的本义及未来的发展趋势。④

在乡村振兴背景下，"乡村职业教育"的内涵也应随着时代的发展赋予新的内容（详见本研究第六章）。因此，本研究所指的乡村职业教育不仅是指涉农的职业教育，还包括为乡村振兴培育各类人才的职业教育。县域范围内的服务于乡村社会发展的职业教育与培训都应该纳入乡村职业教育的范畴，包括学历教育和职业培训，也包括乡村地区其他的非正式、非正规的一切文化技艺的传承等教育活动。乡村职业教育主要由乡

---

① 李楠：《改革开放以来我国农村职业教育政策研究》，硕士学位论文，东北师范大学，2013年，第14页。
② 马建富：《农村职业教育名称及内涵新解》，《教育与职业》2010年第30期。
③ 徐长发：《新乡村职业教育发展预期》，教育科学出版社2006年版，第2—3页。
④ 马建富：《农村职业教育名称及内涵新解》，《教育与职业》2010年第30期。

村学校职业教育、乡村职业教育培训以及乡村民间技艺传承等多种形式组成,具有培育初、中、高级技术技能人才的层次性、学历教育与职业培训的系统性和乡村民间技艺传承的开放性,是为乡村社会发展提供智力支持和人才保证的教育类型。[①]

第三节 研究综述

关于乡村职业教育的研究,最早可以追溯到 20 世纪二三十年代兴起的乡村建设运动,一大批知识分子群体探索乡村建设的方案,其中尤其注重生计教育,重视通过发展乡村职业教育来推动乡村建设。新中国成立后,乡村职业教育的发展也一直受到政府的高度重视,乡村职业教育研究也一直是学界关注的重点。尤其是进入新世纪以来,“三农”问题越来越受重视。党的十九大报告提出实施乡村振兴战略后,学界开始探讨乡村职业教育的发展与乡村振兴的内在逻辑理路,围绕乡村职业教育与乡村振兴,各类研究方兴未艾,如在中国知网数据库中以乡村职业教育与乡村振兴为主题检索,可以明显地发现从 2018 年起,相关研究的学术论文呈直线上升(如图 1-1)。纵观已有的相关研究,大体可以分为以下几个方面:一是近代乡村职业教育发展的研究探索;二是关注当下乡村职业教育发展的理论与实践问题;三是关注新时代乡村职业教育的发展及其在乡村建设中的作用;四是乡村职业教育反贫困的相关研究。

---

① 谢元海、闫广芬:《乡村振兴背景下的乡村职业教育发展研究——基于三种形式的乡村职业教育分析》,《中国职业技术教育》2019 年第 12 期。

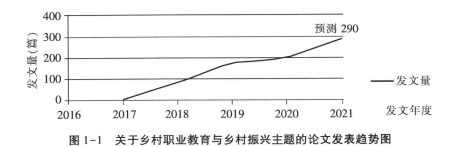

图 1-1　关于乡村职业教育与乡村振兴主题的论文发表趋势图

一、近代乡村职业教育发展的研究

20 世纪二三十年代,随着乡村建设运动的开展,学术界形成了一个研究乡村教育的高潮,而其中乡村职业教育是当时乡村教育最为重要的组成部分。关于乡村职业教育的思想理念主要散见相关著作以及具体的实践中。其中关于乡村教育理论的著作主要有 1923 年出版的顾复的《农村教育》①,1934 年出版的余家菊著《乡村教育通论》②,1935 年出版的古梅编著《乡村教育》③,1937 年出版的龙发甲著《乡村教育概论》④等等,这些著作主要从理论层面对当时乡村教育的社会背景、办学目标、办学模式、师资、学生、课程等各个方面展开了详细论述,其中就包含了对乡村职业教育发展的论述。而梁漱溟的《乡村建设理论》⑤、庄泽宣编《乡村建设与乡村教育》⑥、晏阳初的《平民教育与乡村建设运动》⑦等著述则系统地对乡村职业教育与乡村建设进行了探讨;再有就是相关乡村建设和乡村教育试验区的研究,如杨效春编《晓庄学校与中国乡村教育》⑧,吴雨农著

---

① 顾复:《农村教育》,商务印书馆 1923 年版。
② 余家菊:《乡村教育通论》,中华书局 1934 年版。
③ 古梅编著:《乡村教育》,商务印书馆 1935 年版。
④ 龙发甲:《乡村教育概论》,商务印书馆 1937 年版。
⑤ 梁漱溟:《乡村建设理论》,山东邹平乡书店 1937 年版。
⑥ 庄泽宣:《乡村建设与乡村教育》,中华书局 1939 年版。
⑦ 晏阳初:《平民教育与乡村建设运动》,商务印书馆 2014 年版。
⑧ 杨效春:《晓庄学校与中国乡村教育》,爱文书局 1928 年版。

《定县牛村的平民教育》①等。此外,费孝通先生关于乡土重建的研究则具有历时性和延续性,主要研究包括解放前的乡村社区的研究,如《江村经济》(1939)、《禄村农田》(1943)、《生育制度》(1947)、《乡土中国》(1948)、《乡土重建》(1948);改革开放以来的小城镇研究和乡镇发展研究,如《论小城镇及其他》(1986)、《行行重行行——乡镇发展论述》(1991)等。② 这些研究中均蕴含着丰富的乡村职业教育思想,对于当下的乡村职业教育发展和乡村振兴皆有重要的价值。

（一）近代学者对乡村职业教育理论的探究及实践

上世纪二三十年代的乡村建设运动是中国乡村教育发展的一个特殊历史时期,在这一阶段,形成了平民教育派、乡村建设派、教育改进派等乡村建设团体,涌现了黄炎培、晏阳初、陶行知、梁漱溟等一大批乡村教育家（表1-1）,他们在实践的基础上提出了各具特色的乡村职业教育理论,是中国乡村职业教育思想的创始者。

黄炎培先生提出了大职业教育的概念,指出"乡村职业教育不以职业教育为限"。其在江苏徐公桥发起了乡村教育实验,对乡村民众进行"富"教育和"政"教育,其中"富"的教育主要是开展农业职业教育,如耕种技术改进、病虫害防治、农副业生产技术与知识;同时发展乡村手工业,如发展花边和刺绣等传统技艺,增加经济收入。"政"的教育则重在提高乡村民众的权利意识和民主素养,加强乡村自治。他将发展职业教育与乡村建设结合起来,构建了中国乡村职业教育的雏形。晏阳初是平民教育的发起者,他主张用文艺教育、生计教育、卫生教育、公民教育等"四大教育"加以攻克中国乡村的贫、愚、弱、私"四大病根",采用学校式、家庭

---

① 吴雨农:《定县牛村的平民教育》,定县中华平民教育促进会 1929 年版。
② 马小彦:《费孝通教授社会学研究的思路历程》,《史学月刊》1997 年第 5 期。

式、社会式等"三大方式"进行推动,特别是以生计教育治"贫"思想,①其核心就是发展乡村职业教育来推动乡村民众生产生活水平,服务生计发展。晏阳初等利用"三大方式"在河北定县因地制宜开展乡村教育实验,尤其是积极发展职业教育与培训,改良农产品品质、培育高产农产品,提高农业生产效率等,产生了深远的影响。陶行知提倡教育下乡,提出了"教育与农业携手","学校成为乡村改革发展中心"②等思想,由此中国职业教育进入了本土化发展的新阶段。

综上,在中国近代史上,先后提出了发展实业教育和发展职业教育两大思潮,在近代乡村职业教育发展中,以"人计"与"事计"为现实旨归;以"平民"与"乡村"为终极关怀;始终坚持"实用"与"生利"的经验价值,时至今日仍具现实意义,理应得到传承、再造与复兴。③ 但是在这些探索中,未能准确理解教育和经济的关系,故而近代职业教育作为一种思潮的意义要远大于其实际意义。④

表1-1　近代乡村职业教育的代表性人物及其职业教育思想

代表人物	主要的职业教育思想	实验区	所在机构
晏阳初	1. 思想:"农民化"和"化农民" 2. "四大病根":贫、愚、弱、私 3. "四大教育":文艺教育、生计教育、卫生教育、公民教育 4. "三大方式":学校式、家庭式、社会式	河北定县的平民教育实验	中华平民教育促进会总会

---

① 孙培青、李国钧主编:《中国教育思想史》第三卷,华东师范大学出版社1995年版,第266页。

② 郭笙:《为中国教育寻觅曙光——陶行知教育思想研究》,辽宁教育出版社1991年版,第33页。

③ 张雁南:《近代职业教育思潮的现实旨归、终极关怀与价值传承》,《陕西师范大学学报(哲学社会科学版)》2011年第1期。

④ 孟景舟:《关于实业教育和职业教育关系的认识与反思——基于历史的视角》,《职业技术教育》2008年第4期。

代表人物	主要的职业教育思想	实验区	所在机构
梁漱溟	1. 拯救中国重要的是拯救乡村,乡村建设是拯救中国、恢复伦理本位社会的出路 2. 乡村建设的关键在于乡村教育,"教育即乡村建设" 3. 通过乡农学校、乡学村学,尽量用情谊教育、道德教育去进行精神陶炼,建立情谊化的乡村组织,保持乡村文明	山东邹平乡村建设实验	乡村建设研究院
黄炎培	1. "以富以教以治",以教育为先导、以经济为主体、以社会改进为目标的指导方针 2. 普通小学教育、乡村职业教育、成人教育、健康卫生教育有机结合 3. 教育改进、经济改进、社会改进有机结合	江苏昆山徐公桥的农村改进实验	中华职业教育社
陶行知	1. 提倡教育下乡 2. 乡村学校要做乡村生活改造的中心,乡村教师要做乡村生活的灵魂。	晓庄师范学校实验、上海山海工学团生活教育实验	中华教育改进社

（二）费孝通乡土重建思想中的乡村职业教育发展理念

费孝通先生乡土重建思想具有延续性,从上世纪三四十年代提出乡土重建思想,再到改革开放后对城乡关系的认识,都蕴含了对教育与乡村发展的深刻认识。

20世纪三四十年代,费孝通先生提出通过发展乡村工业来增加农民的收入,将以农业为基础的已趋衰落的传统乡村"重建"为包含现代工业文明的工农相辅的"新农村"乡土重建方案。

费孝通先生乡土重建的思想首先基于对中国传统农村的认识。费先生认为中国传统的农村存在着工农混合的乡土经济,"种植五谷是农,加工稻米就是工,男耕女织,耕与织就是农与工的区别","中国并不是没有工业,只是工业太分散,每个农民多少同时是个工人"。① 所以从乡村产业结构来看,乡村中有一二三产业的分工,农民不必放弃农业而参加工业;工业分散在乡村里或乡村附近;工业的所有权属于参与其中的农民;工业原料主要由农民供给;工业收益大限度地惠及农民。这些就是乡土工业的基本要素。② 在对城乡关系的认识上,费孝通先生强调不能把城乡发展对立起来,城市现代工业的发展离不开乡村的广阔市场,同样,发展农民工业亦是增加他们收入、发展乡村的方法。③ 因此,费孝通先生认为坚持城乡协同发展才是中国自己的现代化道路。

基于此,费孝通先生提出其乡村职业教育发展思想。他批评当时的教育制度让乡村人才流失,乡间出来的人才受了现代科学教育之后,并不回到乡间服务。现代教育不但没有做到把中国现代化的任务,反而成了吸收乡间人才外出的机构,加剧了城乡之间有机循环的断裂和恶化,损蚀了乡土社会,造就了大量的"回不了家的乡村子弟"④。而发展乡村工业需要大量技术人员,他认为"数千年来没有受教育机会的农民和现代技术之间必须有一个桥梁,这桥梁不能被利用来谋少数人的利益,而必须是服务性的。技术专门学校可能是最适当的桥梁……这种机构在中国更重要,因为中国乡村里的人民和现代知识太隔膜,在组织上还得有人帮他们确立能维护他们自己利益的社团"⑤。因此,他提出"现代技术下乡"作为乡土工业发展条件,呼吁发展面向乡村工业的职业教育,乡村职业教育是联系乡村民众与现代技术的桥梁,推动"现代技术下乡"与乡村产业发展结合起来。"中国正在走一条现代化的路,不是学外国,而要自己找出

---

① 阎明:《一门学科与一个时代:社会学在中国》,清华大学出版社 2004 年版,第 163 页。
② 《费孝通全集》第五卷,内蒙古人民出版社 2009 年版,第 85 页。
③ 《费孝通全集》第五卷,内蒙古人民出版社 2009 年版,第 14 页。
④ 《费孝通全集》第五卷,内蒙古人民出版社 2009 年版,第 57 页。
⑤ 《费孝通全集》第五卷,内蒙古人民出版社 2009 年版,第 100—101 页。

来"①。费孝通先生的乡土重建方案是立足于中国国情的,积极开发和利用乡村的传统资源,巧妙地将先进的工业文明与传统的乡村社会内部的生命力结合起来。以工业文明改造传统农村,以工建农,以工助农,实现乡土社会的现代化转型。② 费孝通先生的乡土重建思想,尤其是其注重科技下乡、发展乡村职业教育促进乡村建设的观点对于我们今日的乡村建设,具有重要的借鉴作用。

二、当前乡村职业教育发展的研究

学界对于当前乡村职业教育发展的研究视角比较多元,其中主要围绕乡村职业教育发展的理论问题、体系构建、办学模式、发展困境等各个方面展开。

在理论层面,徐长发《新乡村职业教育发展预期》③一书是较早系统探讨乡村职业教育发展的理论著作。该书一是系统梳理讨论了乡村职业教育发展的历史沿革、目标定位、办学思路、模式选择以及师资、课程建设等问题;二是系统地阐述分析了乡村职业教育与乡土文化惯性及其关系、乡村职业教育面临的市场需求及其回应、政府与社会协同发展职业教育的有效作为等。彭干梓教授和夏金星教授先后发表了"乡村职业教育的几个基本理论问题"系列文章,分《中国职业教育从模仿到本土化的理论创新》④、《发展经济学理论与职业教育的城乡融合》⑤、《由"器具"向"人"

① 张冠生:《费孝通传》,群言出版社2000年版,第342页。
② 刘长亮:《论费孝通的乡土重建思想》,硕士学位论文,河北大学,2005年。
③ 徐长发:《新乡村职业教育发展预期》,教育科学出版社2006年版。
④ 彭干梓:《中国职业教育从模仿到本土化的理论创新——乡村职业教育的几个理论问题(之一)》,《职教论坛》2011年第1期。
⑤ 彭干梓、夏金星:《发展经济学理论与职业教育的城乡融合——乡村职业教育的几个理论问题(之二)》,《职教论坛》2011年第4期。

转换的职业教育价值取向》①等三篇文章系统地阐述了乡村职业教育的历史由来、理论基础、价值取向。朱成晨、闫广芬则认为农村职业教育是社会系统中最为开放、活跃、复杂的全息融合性教育类型，是一种跨界的教育。其关涉社会发展的全系统、全领域、全过程，与社会政治、经济、文化相互依存并相互跨界融合。推动农村职业教育的变革与发展，需要跨界融合的治理逻辑与战略思维。②

在体系构建研究方面，曹晔、盛子强所著《当代农村职业技术教育体系研究》③从纵横两个维度、国内国外两个视角、教育系统和农业系统两大实施主体，以发展农村职业技术教育为目标，围绕初等、中等、高等三个教育层次，中高等职业技术教育衔接等进行了研究，提出了构建现代农村职业技术教育体系的基本思路。

围绕职业教育办学模式方面，唐智彬提出农村职业教育办学模式的改革是重点。围绕生产方式与职业教育办学模式的变迁、职业教育办学模式的嵌入性两个方面，他对职业教育办学模式的理论问题进行了分析研究，最终得出结论，认为一个地区可实现可持续发展能力的办学模式应该与当地的经济社会环境及发展需求相适应。但是这种在一个地区被验证为成功的办学模式并不能简单地"移植"到其他地区，应该根据实际情况因地制宜地改造之后，才能取得预期的效果。因而，对于农村职业教育办学模式的选择，"最合适的才是最好的"。④

围绕农村职业教育发展困境与破解问题，张力跃用社会学的理论与

---

① 彭干梓、夏金星：《由"器具"向"人"转换的职业教育价值取向——乡村职业教育的几个理论问题（之三）》，《职教论坛》2011年第7期。

② 朱成晨、闫广芬：《跨界与共生：农村职业教育融合治理的分析框架》，《教育研究与实验》2020年第1期。

③ 曹晔、盛子强：《当代农村职业技术教育体系研究》，河北大学出版社2013年版。

④ 唐智彬：《农村职业教育办学模式改革研究》，博士学位论文，华东师范大学，2012年。

方法分析探究当代中国农民为子女进行职业教育选择的根本诉求,以合理化来说明农民从改革开放初期热衷到 20 世纪 90 年代后逐渐不愿意为子女选择职业教育这一目的性行动的根本动因。① 其认为农村职业教育发展困境的深层次原因是在当前的社会结构下,社会结构的变迁导致个体的利益诉求产生变化,从而与国家的宏观发展需求错位。他认为,农村职业教育的发展应关注受教育者个体的根本诉求,尊重受教育者的个人利益,并对个人职业教育选择的制度进行安排,以此增进农村职业教育的吸引力,进而增强农村职业教育发展的内驱力,追求社会理性和个人理性的协调统一。②

此外,还有研究者选取区域个案,从教育、乡村职业培训等角度探讨乡土重建。如秦红增提出了"文化农民"的概念,他围绕文化农民与民族地区和谐乡村建设,通过系统的田野调查发现,"文化农民"民族地区和谐乡村建设的行动群体和受益群体,乡村职业教育是培养"文化农民"的最主要途径。③ 田静以中国云南省一个贫困民族乡的发展干预为研究对象,认为国家主导的乡村改革路向和由专家、学者主导的基于地方的以教育促进农村社区发展的路向是乡村社区在改革开放以来的两条不同发展路向,考察、描述和解释乡村社区,研究分析了乡村发展实践中教育与社会、经济、文化的关联图景,在实践反思的基础上,呈现出一条贫困民族乡村教育与社区综合发展的新思路。④

三、关于当前乡村职业教育与乡村建设的研究

乡村职业教育与乡村社会发展联系紧密,乡村职业教育与乡村建设

---

① 张力跃:《受教育者视界中的农村职业教育困境与破解》,天津大学出版社 2011 年版。
② 张力跃:《我国农村职业教育困境研究》,博士学位论文,东北师范大学,2008 年。
③ 秦红增:《乡土变迁与重塑——文化农民与民族地区和谐乡村建设研究》,商务印书馆 2012 年版。
④ 田静:《教育与乡村建设》,博士学位论文,华东师范大学,2011 年。

的发展是学界一直致力于研究探索的重要方面,同时,乡村职业教育与乡村建设的发展又与每一历史发展阶段紧密相关,具有典型的时代性特征。尤其是党的十九大提出乡村振兴战略以来,围绕乡村振兴视域下的乡村职业教育发展问题,学界展开了大量的研究。

朱德全等认为在技术时代背景下,乡村的振兴发展需要技术赋能,而职业教育是实现技术赋能乡村振兴的重要内生动力。通过职业教育培养乡村技术型人才是职业教育服务乡村振兴的技术逻辑,即通过技术知识给予、技术文化滋养、技术伦理规约和技术治理路径的逻辑整合,在促进乡村技术型人才培养的同时实现乡村振兴。技术本身具有的价值承载意蕴和职业教育自身固有的价值属性决定了职业教育服务乡村振兴是一种价值实践活动,其价值指向在技术与职业教育的双向规定与互动整合中展现,表现为尊重人的生命价值和适应乡村社会的发展需求。①

围绕农村职业教育现代化,祁占勇、王羽菲提出了具体的指标,包括发展环境、教育保障度、教育统筹度、培养质量度、社会贡献度等五个维度。同时,在指标体系的指引导向下,结合乡村振兴战略的具体要求,提出了农村职业教育现代化的行动路径,即塑造良好的发展环境、提供坚实的保障供给、创新科学的管理统筹、强化适切的人才支撑、汇集多元的社会贡献协力等。② 祁占勇、王志远则在分析研究了乡村振兴战略背景下农村职业教育的现实困顿与实践指向后,提出了农村职业教育的功能定向要顺应新时代农业农村现代化的需求;生存根基要注重涵养乡土文化的基因;培养目标要精准定位于培育新型职业农民;供需适配要不断挖掘

---

① 朱德全、石献记:《职业教育服务乡村振兴的技术逻辑与价值旨归》,《中国电化教育》2021年第1期。
② 祁占勇、王羽菲:《乡村振兴战略背景下农村职业教育现代化的指标体系与行动逻辑》《西南大学学报(社会科学版)》2020年第4期。

老龄人口红利。①

　　此外,围绕乡村职业教育服务乡村振兴的发展,张志增认为新形势下必须把农业农村优先发展和农村职业教育改革发展紧密结合起来,坚持农村职业教育为农业农村现代化服务的办学方向。② 王慧提出农村职业教育发展要适应乡村振兴的需要,产教融合是发展方向,必须以产教融合为切入点,深化体制机制改革。③ 马建富提出要重新认识农村职业教育在乡村振兴战略背景下的功能定位,认为农村职业教育要着力开展乡村精英培育;注重专业的升级改造和结构优化,着力涉农专业集群建设;强化城乡职业教育共同体建设,着力城乡教育要素互动,构建城乡融合的职业教育支持体系,着力农村社区教育发展,建立优质教育资源流向农村的引导机制,着力制度和政策供给的创新等措施。④

四、乡村职业教育反贫困的研究

　　贫困问题是困扰中国社会最严重的社会问题之一,而中国的贫困问题主要发生在乡村地区,因而乡村的反贫困成为乡村社会发展的关键。发展乡村职业教育是乡村反贫困的重要抓手和路径,围绕乡村职业教育反贫困问题学界展开了研究。

　　首先是对职业教育反贫困概念的认识。有学者指出职业教育反贫困是指根据贫困地区的实际需要来办学,让贫困群体通过接受职业教育,掌握相关技能,实现从自给自足的生产者向商品市场的生产者的身份转变,

---

① 祁占勇、王志远:《乡村振兴战略背景下农村职业教育的现实困顿与实践指向》,《华东师范大学学报(教育科学版)》2020 年第 4 期。

② 张志增:《实施乡村振兴战略与改革发展农村职业教育》,《中国职业技术教育》2017 年第 34 期。

③ 王慧:《产教融合:农村职业教育发展方向》,《教育研究》2018 年第 7 期。

④ 马建富:《乡村振兴战略实现的职业教育机会与应对策略》,《中国职业技术教育》2018 年第 18 期。

从而更好地摆脱贫困。① 也有学者提出农村职业教育反贫困是指县级职业学校积极培养具有一定文化科学知识和职业技能的初、中级专业人才，以及培养培训具有较高素质和熟练劳动技术的劳动者，服务"三农"发展的活动。② 这种反贫困的职业教育的办学目标是具体的，对象是明确的，且更加注重内容和办学时效。③

其次是职业教育反贫困的研究。有学者强调职业教育是面向人人的教育，应注重实践技能的培养与提升，契合经济转型产业升级对高技能人才的需求。④ 围绕新时代的职业教育反贫困，杨小敏认为职业教育应立足人力资本精准开发与深度开发、人的全面发展、区域协调发展、社会和谐稳定、人类命运共同体建设，发挥扶贫的基础性和根本性作用。具体而言，要以服务与提升弱势地区弱势群体就业能力为重点，深化职业教育精准扶贫的体系化综合施策，走出职业教育持续高质量服务脱贫致富的新路子。⑤ 朱成晨、闫广芬等则结合农村职业教育发展的"应然"愿景与"实然"样态，以教育精准扶贫为"必然"路向，设计了"扶志""扶心""扶智""扶资""扶业"的逻辑框架，推动农村职业教育"以教促智""以智促富"和"以富促教"的良性循环发展，从而构建"普职成统整""农科教统筹"的农村职业教育精准扶贫融合模式。⑥ 此外，还有学者分析了农村职业教育扶贫中人才培养缺乏适切性、办学模式缺乏针对性、农村贫困人口自我效能感和成就动机较低的现实问题，提出职业教育扶贫要以思想观念

① 陆小华：《作为反贫困对策的职业教育与农村职教改革》，《教育研究》1998 年第 5 期。
② 朱容皋：《贫困与返贫的博弈———农村职业学校贫困学生的问题现状》，《沈阳大学学报》2009 年第 4 期。
③ 王大超、袁晖光：《关于我国贫困地区职业技术教育问题的思考》，《中国职业技术教育》2012年第 30 期。
④ 何丕洁：《对职业教育精准扶贫问题的思考》，《教育与职业》2015 年第 30 期。
⑤ 杨小敏：《精准扶贫：职业教育改革新思考》，《教育研究》2019 年第 3 期。
⑥ 朱成晨、闫广芬、朱德全：乡村建设与农村教育：职业教育精准扶贫融合模式与乡村振兴战略》，《华东师范大学学报(教育科学版)》2019 年第 2 期。

扶贫为核心、文化基础知识为基奠、技术技能为动力,增强贫困人口脱贫信心、提高贫困人口公民素养、提升贫困人口人力资本。[1]

五、研究述评

综上,从近代乡村职业教育发展的研究可以看出,近代乡村职业教育的发展注重调查研究,坚持实事求是、因地制宜办学。社会调查是"研究试验的指南针"。[2] 民国时期从事乡村建设的各个团体都以对试验区内农村社会概况的调查研究为基础,再根据调查掌握当地的历史、风俗、生活状况、物产、人口等各方面的情况,因地制宜制定实验计划,或作跟踪、溯源式的研究。[3] 如中华职教社"拟将全国农民生计实况,一为彻底调查,俾明真相,用作设施农民教育之准备"[4]。定县社会调查中,晏阳初明确指出:"调查的目的,既是为了了解事实,但事实的了解不是工作的终了,而是工作的开始。"[5]先贤们将乡村职业教育融入乡村建设之中,嵌入乡村社会环境中,开展自下而上的参与式乡村建设的探索实践是一笔宝贵的财富,对我们今天的乡村职业教育发展与乡村建设具有重要的启迪。而费孝通先生乡土重建的思想对于我们今天乡村社会的发展具有重要的指导作用,但是当前中国乡村社会发生了很大变化,所处的时代和社会环境亦不同,故而如何在新的发展形势下,探寻当下乡村职业教育与乡村建设之路是开展本研究的出发点。

新中国成立以来,尤其是近几年来,理论学者与实务部门对于乡村职

---

① 陈鹏、王晓利:《"扶智"与"扶志":农村职业教育的独特定位与功能定向》,《苏州大学学报(教育科学版)》2019 年第 4 期。

② 李景汉:《定县社会概况调查》,中国人民大学出版社 1986 年版,"序言"第 2 页。

③ 吴淞、熊思远:《WTO 与中国基础教育发展》,北京理工大学出版社 2003 年版,第 8 页。

④ 《农村教育丛辑第五辑 农民生计调查报告 中华职业教育社编 定价大洋壹角》,《教育与职业》1929 年第 7 期。

⑤ 宋恩荣总主编:《晏阳初全集》第一卷,天津教育出版社 2013 年版,第 197 页。

业教育的研究以及乡村振兴发展的探索实践为本研究奠定了基础,但是这些研究多聚焦在乡村传统农业经济的发展以及农民职业技能的培训,同时相关的研究多从理论层面或是宏观层面出发,缺少微观层面的以"县"为单位深入剖析乡村职业教育与乡村社会发展的研究。因此,如何结合当前新的发展形势将乡村职业教育融入乡村建设之中,嵌入乡村社会环境中,探索"自下而上"乡村传统技艺自觉与推动"自上而下"的现代技术下乡来对接乡村社会的发展,推进乡村职业教育服务乡村振兴则是本研究需要解决的问题。

第四节　研究目的、意义与创新点

一、研究目的

本研究旨在探寻通过嵌入乡村的职业教育来推动乡村振兴发展的具体路径,即探寻通过发展乡村职业教育,推动现代技术下乡和乡村传统文化技艺自觉,"自上而下'与"自下而上"相结合推进乡土重建的现代化方案。现代技术下乡和乡村传统文化技艺自觉的关键是人的因素,而人的培育又跟乡村职业教育紧密相关,乡村职业教育是与乡村社会发展联系最为紧密的教育类型,故而探寻乡村职业教育与乡村振兴的协同发展之道是本研究的最终目的。具而言之,在宏观层面,站在历史的发展和时代的大背景下,探寻乡村职业教育如何服务于国家层面的乡村振兴这一时代命题;在中观层面,分析乡村职业教育与乡村社会生态的脱嵌与嵌入;在微观层面,探讨乡村职业教育与乡村居民个体的生计与生活,亦即重构新时代乡村职业教育的概念内涵,建构多元开放的乡村职业教育价值取向,设计可持续的乡村职业教育发展路径。

二、研究意义

从理论层面看，本研究站在一个全新全面的视角，跳出了"为农""离农"的二元论来探讨乡村职业教育的价值取向，是一个全新的价值理念，具有重要的理论价值；同时紧紧地围绕乡村振兴战略的职业教育需求，以乡村居民的生计、生活和乡村社会的生态为职业教育的价值追求，超越了单纯的技术、技能，着重关注乡村职业教育的人本发展和文化功能，探究了乡村职业教育与乡村振兴的关系，亦具有重要的理论意义。

从实践层面看，本研究分别从县域经济发展、乡村农业发展、传统技艺传承、后扶贫时代反贫困等多个层面切入，以乡村社会发展的职业教育需求为切入点，探索乡村职业教育服务乡村振兴的具体发展路径，且注重理论联系实际，将相关的研究成果转化为政府政策文本，指导乡村职业教育的实践发展，具有实践意义。

三、创新点

本研究主要围绕乡村职业教育的发展作了一些初步的探讨和尝试，与已有的相关研究不同之处，或者说创新之处在于以下几个方面：

在选题和研究内容上，本研究选取了特殊地区和群体，即原中央苏区赣南兴国县的乡村不同群体；特殊问题，即乡村职业教育服务乡村振兴和服务乡村不同群体的生计、生活与乡村生态问题。赣南兴国县作为革命老区、山区、欠发达地区，其乡村的发展与乡村民众的发展问题更应得到学界的关注和学者呐喊，对于此问题的研究更具底层关怀与人文情怀。

从研究方法上来看，本研究基于全程参与兴国县国家农村职业教育与成人教育示范县创建的基础来开展，一是从实践办学发展中开展理论研究，同时将理论研究成果运用指导实践办学；二是长期深入到赣南兴国县乡村进行调查研究，扎根底层，让研究具有丰沃的土壤。由此，使得整个研究更具有生命力、乡土情和泥土味。

第五节　研究思路与研究设计

一、研究思路

本研究主要致力于研究乡村职业教育服务乡村振兴发展的具体路径，有两个基本的预设：一是随着中国经济社会的发展，工业反哺农业、城市反哺乡村，未来中国发展的重点应该会在乡村地区，同时人口也将出现先逆大城市化再到逆城市化，即人口会逐步分散到中小城市，再由中小城市分散到乡村地区，进而实现人口分布的比较均衡化。因为经过几十年的发展，大城市过于饱和，生活环境、交通等问题严重影响生活质量，而中小城市和乡村地区基础设施逐步完善，教育医疗条件改善，全国交通便捷，就业岗位增加，环境质量优良等等，逐步吸引留住人口。这就要求我们思考乡村经济的发展。乡村经济的发展对人才提出了要求，即对乡村职业教育提出了要求。二是未来乡村职业教育的发展重点主要是服务于乡村经济发展以及乡土文化传承。乡村职业教育的生源将不再以适龄的学生为主，而是变得多元化，因而乡村职业教育将更加注重乡村职业培训和乡村传统技艺的传承等。

基于以上的预设，乡村职业教育将会有全新的内涵，乡村职业教育的发展需要紧密地嵌入乡村社会之中。乡村是其固有的"场域"，有其特定的运行逻辑，是一个自然的生态系统，包括乡村经济生态、乡村文化生态和乡村社会生态，三者之间彼此交织，相辅相成。故而乡村职业教育的发展必须嵌入"乡村场域"中，融入乡村建设中，这是整个研究的逻辑起点。近代以来中国乡村建设的探索实践以及其中的乡村职业教育发展理念，对于今天我们的乡村职业教育发展与乡村建设具有重要的启迪,这是本研究的历史参照。城乡二元制度下中国乡村社会发展的时代变迁和当前乡村职业教育发展的现实困境是本研究的现实起点。赣南兴国县乡村作为具有代表性的南方乡村,典型的原苏区、欠发达地区,乡村振兴发展的职业教育需求是本研究的切入点。以该县乡村振兴发展中乡村社会和乡村个体的职业教育需求为切入点,探寻乡村居民"自下而上"乡村文化技艺自觉与现代技术"自上而下"嵌入乡村社会,融入乡村发展的具体路径是本研究的落脚点。

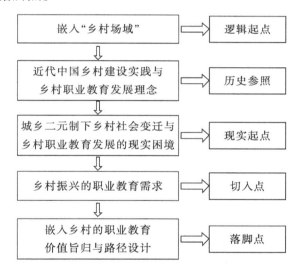

二、研究设计

(一) 理论基础

本研究主要借助经济社会学中的"嵌入性"理论,将其移植到乡村职业教育的研究中,探究当下乡村职业教育服务乡村振兴的具体路径。"嵌入性"作为经济社会学研究中的一个重要概念,最早由英国经济史学家、哲学家卡尔·波兰尼(Karl Polanyi)在 20 世纪 40 年代中期首次提出。[1] 其在《大转型：我们时代的政治与经济起源》一书中正式使用并提出了"嵌入性"(embeddedness)的观点。[2]他认为，"人类经济嵌入并缠结于经济与非经济的制度之中，将非经济的制度包括在内是极其重要的"，"经济作为一种制度过程，是嵌入在经济和非经济制度之中的"。[3] 换言之，波兰尼认为嵌入性是不可避免的，它是保证经济秩序所必需的，市场嵌入社会是人类历史的本质和普遍逻辑，经济牢牢地附属于整体社会是其本质所在。[4] 美国学者格兰诺维特(Granovetter)在波兰尼的基础上，进一步发展了这一思想，提出"镶嵌"有助于分析市场主体的行为和研究个人在社会网络中的相互嵌入关系。

此后，在波兰尼和格兰诺维特的观点基础上，不同的研究者在不同的研究领域发展并拓宽了对"嵌入性"的研究。随着学界对嵌入性理论分析框架的不断发展，嵌入性理论的影响范围也在不断拓展，"嵌入性"逐步成为用于解释其他社会行为和活动的一种新的思路和方法。"嵌入性"理论不再仅是用于解释经济活动和社会结构之间的关系了，而是发展成为更具普遍意义的研究某类活动或行为(如教育活动、政党活动等)与社会结构，或社会情境之间关系的方法论工具，是上承社会网理论、下接因果推论模型的"中"层次理论。

在教育领域，嵌入的主体就是教育者及受教育者的行为，即教育活动。嵌入的客体是教育所处的环境，其中外部环境包括社会、政治、经济、

---

① 赵艳龙：《基于嵌入性理论的乡村农民精神文化教育研究》，博士学位论文，西南大学，2014 年。

② 转引自兰建平：《集群嵌入性对企业合作创新绩效的影响研究》，博士学位论文，浙江大学，2008 年，第 40 页。

③ 转引自兰建平：《集群嵌入性对企业合作创新绩效的影响研究》，博士学位论文，浙江大学，2008 年，第 40 页。

④ 刘巍：《"嵌入性"理论及其在中国研究中的发展》，《淮阴师范学院学报(哲学社会科学版)》2010 年第 4 期。

文化等;内部环境包括教育观念、教育内容、教育形式、教育方法、教育评价等等。由于教育领域嵌入的客体受内部各要素影响和外部宏观环境的影响,因此其方式又可以分为水平嵌入与垂直嵌入两种形式,即教育活动的存在形式是一种双重嵌入。其中,水平嵌入,关注的是教育活动与社会、政治、经济等各环境要素之间关系。①

基于此,乡村职业教育活动的开展,与国家政策、地方政府、乡村历史文化、乡村变迁、乡村社会、乡村经济、乡村居民等相互联系,这些不同的方面共同嵌入更广阔的社会关系之中,交织成一张复杂而有序的网。故而乡村职业教育的发展应该嵌入乡村社会发展中,与国家乡村建设的相关政策、乡村社会变迁、乡村经济文化以及乡村居民的自身需要等因素结合起来,融入其中,推动乡村社会的现代化发展。

本研究中,在嵌入主体层面,从作为受教育者的乡村民众出发,分析其在乡村职业教育发展中的主体性以及具体的职业教育需求;作为教育者的乡村职业学校、教师等在发展乡村职业教育所面临的多维困境等。在嵌入的客体层面,从作为外部环境的乡村历史层面审视近代赣南兴国县乡村职业教育与乡村建设发展实践的价值借鉴,将当下的乡村职业教育发展嵌入乡村历史环境之中,回顾与省思乡村历史发展,从中寻求参照,镜鉴来路;从乡村社会变迁的角度分析乡村社会发展与乡村职业教育的内在关系;从办学理念、办学条件、办学质量、办学体系四个维度,立体观察剖析乡村职业教育发展的多维困境;进而紧紧围绕国家政策、乡村经济社会发展需求和乡村居民个体发展诉求和乡村传统文化技能传承等角度系统分析思考乡村振兴发展的职业教育需求,从嵌入和融合的角度,探讨嵌入乡村的职业教育是什么以及如何嵌入。

---

① 赵艳龙:《基于嵌入性理论的乡村农民精神文化教育研究》,博士学位论文,西南大学,2014年。

（二）研究方法

研究方法的选取对于研究成果具有决定性的作用,职业教育的研究有其特殊性,因为职业教育具有跨界属性,职业教育的问题既是教育内部的问题,也是社会问题、经济问题等等,所以职业教育的研究应该跳出教育本身,从多维的、多学科的视角来探讨。围绕研究目标和研究的具体内容,本研究坚持定性与定量相结合,综合运用文献研究法、调查研究法、历史研究法、访谈法等方法开展研究。

1. 文献研究法

文献研究法是本研究的基础方法。文献分析法主要指搜集、鉴别、整理、研究文献,形成对事实科学认识的方法。本研究主要的研究资料有以下几类:一是本人参与兴国县国家级农村职业教育与成人教育示范县的申报创建过程中收集的资料。具体包括以下几类:兴国县根据《农村职业教育和成人教育示范县评审标准（试行）》（共设一级指标 5 个,二级指标 14 个,三级指标 46 个）提供的所有材料,如文件资料、照片资料、台账等等;兴国县国家级农村职业教育和成人教育示范县创建申报书、创建工作总结、自评报告;申报和创建检查时的县政府工作专题汇报材料以及在实地考察过程中获取的资料。二是从兴国县职业学校、教育、文化等相关机构获取的各类政策文件、会议纪要、年鉴、教育志、县志、调查报告、研究报告等。三是与本研究相关的公开出版的各类期刊论文、学术著作等。

2. 访谈法

访谈法是指通过采访员和受访人面对面的交谈来了解受访人的心理和行为的基本研究方法。访谈法有多种形式,根据访谈的标准化程度的不同,可将它分为结构性访谈和非结构性访谈。本研究中,围绕研究的内容,笔者综合采用了结构式访谈与非结构式访谈。访谈对象主要有四类群体:一类是相关公务人员,有教育、农业、文化、妇联、团委、扶贫、相关乡镇等单位的官员;第二类是教育工作者,有职业学校校领导、教师等;第三类是乡村居民,有妇女、新型职业农民、返乡农民、手工艺者、乡村青年等;第四类是职业教育专家、非遗专家等。笔者对重点访谈人物进行了深度访谈,先后进行了三次访谈。具体时间安排是 2017 年 12 月,进行第一次调查,进驻兴国县职业中等专业学校 7 天,调研全县乡村职业教育发展情况及乡村建设情况,开展第一轮结构式访谈,随机非结构式访谈。2018年 6 月,进行第二次调查,进驻兴国县相关乡村 3 个,时间 11 天左右,全面深入调查乡村职业教育与乡村建设实际情况,开展第二轮结构式访谈,随机非结构式访谈。2018 年 10 月,进行了第三次调查,为期 10 天左右,反馈验证相关研究,开展第三轮结构式访谈,随机非结构式访谈。

在对访谈资料分析中采用三角验证的方法,即将访谈或查询资料所获得的信息,与其他访谈或材料查询交叉比对消减误差,提升信息数据的信度。[①] 在此基础上归纳分析不同社会群体的相关职业教育诉求以及对于乡村职业教育与乡村建设的理解,探寻参与式发展的具体路径。

3. 问卷调查法

一个论点必须有逻辑和实证两方面的支持:必须言之成理,必须符合人们对世界的观察。[②] 本研究选取江西赣南的兴国县作为调查区域,利用参与该县国家农村职业教育与成人教育示范县的建设工作的机会,对该县乡村职业教育发展作全面系统的调查研究。为全面掌握乡村居民的职业教育与培训需求,本研究通过调查问卷的形式开展了乡村居民职业教育需求的基本数据采集,问卷发放的方式是定向发放,即通过对兴国县长期的深入调查,在全县 25 个乡镇,选取了县城周边乡镇 1 个、规模较大的乡

---

① Huberman, Allen Michael , & Miles, M. B. (1994). *Qualitative Data Analysis*: *A Sourcebook of new Methods*. Sage Publications; Siggelkow, N. (2007). Persuasion with Case Studies. *Academy of Management Journal*, *50*(1), 20–24.

② [美]艾尔·巴比:《社会研究方法(第十版)》,华夏出版社 2005 年版,第 6 页。

镇 1 个、偏远乡镇 3 个,定向发放调查问卷 750 份,回收有效问卷 732 份。

4. 历史研究法

通过历史文献素材的收集和分析,从历史的视角,审视近代赣南乡村职业教育与乡村建设的发展。赣南兴国县是近代中国共产党在赣南大地开展苏维埃运动的核心区域,而乡村职业教育是当时乡村社会改造的主要途径。作为当时的中央苏区运动的模范县,兴国县在乡村建设运动中,对乡村职业教育进行了探索实践。对百年前兴国县开展的乡村建设与乡村职业教育实践活动的回顾与省思,可为当下乡村职业教育的改革发展及乡村职业教育服务乡村振兴提供历史镜鉴。

(三)样本县的基本情况及选取理由

1. 样本县的基本情况

兴国县位于江西省中南部,赣州市东北部,处于北纬 26°03′~26°41′,东经 115°01′~115°51′。东接宁都,东南界于都,南连赣县,西邻万安,西北毗泰和,北靠吉安、永丰县。东西长 84 千米,南北宽 71.5 千米,总面积 3214.5 平方千米。全县辖 25 个乡镇、1 个经济开发区、303 个行政村、20 个城市社区,截至 2023 年末,全县常住人口 71.42 万人,其中城镇常住人口 34.24 万人,农村常住人口 37.18 万人。兴国县是第二批国家农村职业教育与成人教育示范县,近年来基本形成了以县职业中等专业学校为县级中心校,以乡镇成人文化学校为基础,以村级成人文化学校为教学点的职成教三级教育培训网络。在提升乡村居民文化素质与就业技能,加快了县域产业结构调整升级以及促进县域支柱产业、特色产业的发展提供人才与技术的支撑等方面发挥了重大作用。①

在中国革命史上,兴国县具有光荣而重要的地位,是中央苏区的主要

---

① 谢元海、杨燕萍:《乡村振兴背景下的乡村职业教育发展路径研究——基于县域经济发展的职业教育需求分析》,《成人教育》2019 年第 10 期。

县份之一。兴国县是中央苏区的发祥地之一,是中央革命根据地的中心区域。第一个中央红军兵工厂,第一所中国工农红军军医学校,第一所中央红军总医院,第一个中央苏区造币厂,第一个中央农具生产合作社等重要机构,都诞生在兴国县。老一辈无产阶级革命家毛泽东、周恩来、朱德等同志都曾在这块红土地上进行过革命实践。毛泽东同志多次到兴国县调查,先后写下了《兴国县土地法》《兴国县调查》《长冈乡调查》等光辉篇章。

2. 样本县的选取理由

本研究选取江西赣南兴国县作为样本县展开剖析研究,主要基于以下几点考虑:一是因为受邀参与了该县国家级农村职业教育与成人教育示范县的创建。兴国县于 2015 年 5 月入围创建全国第二批国家级农村职业教育与成人教育示范县,历时两年多的创建,于 2017 年通过了国家级农村职业教育和成人教育示范县检查。笔者自 2015 年至 2017 年全程参与兴国县国家级农村职业教育与成人教育示范县的申报、创建、省级检查验收工作,利用此机会对兴国县乡村职业教育开展了全面的调研,同时为进一步掌握兴国县乡村职业教育发展的基本情况,先后于 2016 年 8 月、2017 年 12 月、2018 年 6 月、2018 年 10 月先后四次深入兴国县开展乡村职业教育发展的调查。二是兴国县所在的赣南地区是原中央苏区,是典型的欠发达地区。兴国县是一个典型的农业大县、原中央苏区县,同时也是将军县,国家农村职成教育示范县等,具有较大的知名度和代表性;社会经济发展的历史变革及其基本现状具有代表性,故而其乡村职业教育与乡村建设具有典型示范性。三是兴国县与笔者家乡所在的县位于同一地区,毗邻笔者家乡所在县,其基本情况和笔者家乡所在县一样,语言风俗乡情乡貌类似。一方面,笔者对该县的基本情况比较熟悉,有利于开展调查研究;另一方面,因为不是笔者自己家乡所在县,避免了先入为主的主观错判,确保研究的客观性。

▶▶第二章　启蒙与传承：近代兴国县乡村职业教育发展的历史审视

晚清以降，中国乡村社会发生了深刻的变革，尤其是随着自然经济的解体，中国乡村走向衰败，而乡村地区就是当时大多数中国人生活的全部，一批有识之士开始将目光投入中国乡村，探索乡村建设的方案，尤其注重生计教育，重视通过发展乡村职业教育来推动乡村建设。乡村职业教育成为一代人孜孜以求之焦点问题。20 世纪二三十年代，中华大地上开展了轰轰烈烈的乡村建设运动，尤其是中国共产党在赣南大地开展了"创造中国新社会的序幕"①的苏维埃运动，而乡村职业教育是当时乡村社会改造的主要途径，兴国县作为当时的中央苏区运动的模范县，同时也是传统赣南行政区域的重要部分，在乡村建设运动中，对乡村职业教育进行了探索实践，其乡村职业教育在这一时期得到了极大的发展。"历史总是要不断地回溯，以追寻因果"②，对百年前兴国县开展的乡村建设

---

① 中共中央书记处编：《六大以来党内秘密文件》(上)，人民出版社 1981 年版，第 155 页。
② [美]费正清：《费正清自传》，黎鸣等译，天津人民出版社 1994 年版，第 28 页。

与乡村职业教育实践活动的回顾与省思,可为当下乡村职业教育的改革发展及乡村职业教育服务乡村振兴提供历史镜鉴。

第一节 近代兴国县乡村职业教育发展的历史背景与基本概况

民国时期,赣南是国共两党进行乡村改造的重要试验区。赣南是中央苏区,中国共产党在赣南乡村进行了乡村改造运动,创办过各种类型的学校以培养革命运动和乡村建设所需的人才。毛泽东在兴国县进行大量的调查研究,写下了著名的《长冈乡调查》[①]。而蒋经国主政赣南后,发起了"建设新赣南"运动,旨在探索改造传统农村模式,寻找一条改造农村的有效途径。这是近代兴国县乡村职业教育发展的独特历史背景。在这一历史背景下,赣南乡村职业教育进行了探索实践,为乡村建设提供了很大动力,成为推动赣南乡村经济发展的有力支撑。

一、历史背景

赣南地区多为低山丘陵地带,经济社会发展缓慢,职业教育起步比较晚,直至 1908 年才创办第一所职业教育学校——赣县工业学堂。[②] 而兴国县地处赣南腹地,社会经济文化等各方面发展更为缓慢,直到全国乡村建设运动的兴起和中国共产党在赣南苏区开展乡村社会改造,兴国县的乡村职业教育才得以发轫。中央苏区时期,兴国县作为当时的中央苏区县,是中国共产党探索乡村社会改造的核心区域,因而兴国县乡村职业教育的发展除了受到全国轰轰烈烈的乡村建设运动影响外,更是受中国共产党在赣南的苏维埃运动和乡村社会改造的影响。

---

① 《毛泽东文集》第一卷,人民出版社 1993 年版,第 276—321 页。
② 江西省赣州市地方志编纂委员会编:《赣州市志》,中国文史出版社 1999 年版,第 818 页。

（一）近代乡村建设运动的兴起

20 世纪二三十年代，一批忧国忧民的知识分子，在探寻中国落后的原因和寻求拯救中国之道路时，将目光聚焦到中国的乡村和乡村教育。他们认为，中国的落后，关键在乡村的落后；而乡村的落后，又突出表现为乡村教育的落后。由此认为拯救中国之道在于推进乡村教育。"一些知识分子正是持改造中国社会在于改造中国农村，改造农村在于改造中国农村教育的改良主义思想进入 20 世纪 20 年代的。"①在此情势下，"救济农村""复兴农村""建设农村"的呼声一浪高过一浪，于是 20 世纪二三十年代，全国兴起了一场声势浩大、影响深远的乡村建设运动。② 根据有关统计，当时全国各地的乡村建设团体和机构有 600 多个，而乡村建设实验区更是多达 1000 余处。③ 江西的乡村实验运动始于 20 世纪 30 年代初，此时正是国内乡村建设运动方兴未艾之时。自 1934 年 3 月安义万家埠实验区成立后，江西的乡村实验区在短短两年内就多达 20 余个，江西逐步成为乡村建设重地。在乡村建设的实践中，无论是以政府机关、学校机构为主体的乡村建设团体还是以民间团体、社会组织为主体的乡村建设团体，都将发展职业教育贯穿乡村建设运动的整个历程。兴国县乡村职业教育的发展自然受到这个大时代的影响。

（二）中国共产党领导的苏维埃运动

中国共产党在赣南建立苏维埃政权后，在这片土地上开展了轰轰烈烈的社会改造运动。它摧毁了传统农村社会的旧制度，提高了农村和农民的组织化程度，在长期战争环境中将中央苏区社会打造成"一个自由

---

① 杜成宪、丁钢：《20 世纪中国教育的现代化研究》，上海教育出版社 2004 年版，第 346 页。
② 徐秀丽：《民国时期的乡村建设运动》，《安徽史学》2006 年第 4 期。
③ 中华民国史事纪要编辑委员会：《中华民国史事纪要》，正中书局 1993 年版，第 19 页。

光明的新天地"①。其中发展乡村职业教育是当时苏区乡村社会改造最为重要的措施。而这与当时革命根据地建设所面临的现实需求密切相关。一方面,需要突破国民党政府的军事围剿和经济封锁;另一方面,苏维埃政权主要分布于农村地区,社会经济文化发展落后,亟须开展社会经济文化建设。

　　首先,在当时复杂残酷的战争环境下,中国共产党人领导的革命根据地迫切需要大量的军事领导干部和专业的军工技术人才,需要大量的军工产品,需要抢救伤员、预防疾病,也需要灵便的无线电信息通讯等。正是这些需求促使苏区开办了军工技术、军事干部、卫生医疗护理、无线电通讯学校和培训班等各类职业技术教育。其次,在当时的战争环境下,苏区经济的发展是各项事业开展的基础,苏区经济建设主要体现在农业、工业、合作社贸易以及金融、商业和税务等方面。毛泽东曾要求:"立即开展经济战线上的运动,进行各项必要和可能的经济建设事业。"②他还进一步指出:"我们的经济建设的中心是发展农业生产,发展工业生产,发展对外贸易和发展合作社。"③苏区职业教育发展正是围绕这些需求开展的,顺应了时代的要求。作为苏区的核心区域,兴国县乡村职业教育的发展亦是在这一大背景下开展的。

　　此外,1939 年,蒋经国在赣南发起"建设新赣南"运动,通过兴办教育,尤其是职业教育来促进农业改良和乡村复兴,兴国县近代乡村职业教育的发展也受到"建设新赣南"运动的影响。乡村危机时空背景之下,乡村建设运动的领导者认识到了乡村社会的发展、民众思想观念的更新、技

---

　　①　中共江西省委党史研究室等编:《中央革命根据地历史资料文库·政权系统》第 8 卷,江西人民出版社 2013 年版,第 1337 页。

　　②　《毛泽东选集》第一卷,人民出版社 1991 年版,第 119 页。

　　③　《毛泽东选集》第一卷,人民出版社 1991 年版,第 131 页。

能素质的提高等都需要通过乡村职业教育来发展。所以在近代兴国县乡村社会建设中,乡村职业教育的发展受到了其领导者的高度重视,职业教育先行的发展理念深入人心。

二、基本概况

赣南是国共两党进行乡村改造的重要试验区。中国共产党在赣南乡村进行了乡村改造运动,创办过各种类型的学校以培养革命运动和乡村建设所需的人才。而蒋经国主政赣南后,发起了"建设新赣南"运动,其中发展乡村职业教育是新赣南建设的重要措施之一,旨在通过发展乡村职业教育来推动农村改造。总体上看,当时赣南乡村职业教育的发展、职业教育的推广为赣南乡村经济社会发展提供了有力的支撑,为乡村建设提供了强大的动力,尤其是各类职业学校成为推动赣南农村经济发展的有力支撑。

（一）各类职业教育机构的设立

不管是苏维埃时期还是"赣南新政"时期,赣南都高度重视职业教育的发展,设立各类职业学校。这些职业学校一般由县、乡等地方教育主管部门依据自身客观条件来开办管理,其办学规模相对不大,校址分布广泛,组织形式灵活多样,是职业技术教育的主要形式和基础力量。中央苏区时期,为应对战争环境下乡村经济社会的发展,急需培养各类专业技术人才,中华苏维埃共和国临时中央政府以及各级苏维埃政府因地制宜地创办了各类职业学校。此外,各苏区政府还相继创办了各类短期职业中学、职业学校、女子职业学校以及各类工农业余技术补习学校和培训班。兴国县是著名的中央苏区模范县,毛泽东在创建中央苏区近 6 年时间里,除在瑞金居住时间较长外,就赣南苏区言,兴国县是他到过次数较多的一个县，初步统计，大概有 7 次。① 毛泽东在兴国县进行大量的调查研究，写下了著名的《长冈乡调查》。中央苏区时期，兴国县各项工作都成为全苏区的典范，在经济建设、文化教育、关心群众生活等各个方面，都创造了"第一等工作"，其中兴国县的教育工作更是取得了令人瞩目的成就。1934 年 1 月 10 日，中央教育人民委员会授予兴国县"教育工作的模范"称号。

兴国县苏政府成立后，积极创办各类职业学校，为苏区培养各类急需的专业技能型应用人才，同时逐步在乡村建立了人民学校和平民夜校，将普通教育与职业技术教育结合起来，面向苏区工农大众。根据有关资料的记载，当时兴国县设立了识字运动总会、分会、识字小组三级机构，其中识字运动总会有 130 多个；村的识字运动分会 561 个；分会下面的识字小组 2387 个；共有 22529 人加入识字运动。② 识字教育运动取得了丰硕的成果，丰富了农民的精神世界，提高了农民的文化认知水平。曾主管过苏维埃教育工作的徐特立 1936 年在延安对采访他的美国记者斯诺自豪地说："在我们的模范县兴国县，我们有 300 多所小学，约 800 名教师……我们从兴国县撤出时，文盲已减低到全部人口 20% 以下。"③ 而斯诺也称赞当时苏区扫除文盲工作所取得的成绩，比中国农村任何其他地方几个世纪中所取得的成绩还要大。

在"赣南新政"时期，为了给赣南乡村建设培养建设人才，《建设新赣南第一次三年计划》中决定创设各种实用职业学校，主要有农业、森林、园艺、纺织、制糖及普通商业各科等。职业学校建设、办学经费等得到了极大的政策倾斜，使得职业教育迅速发展，到 1944 年，赣南的职业学校

---

① 石仲泉：《毛泽东与兴国县和长冈乡调查》，《党史文苑》2014 年第 2 期。

② 江西省教育学会编：《苏区教育资料选编（1929—1934）》，江西人民出版社 1981 年版，第 45 页。

③ ［美］埃德加·斯诺：《西行漫记》，生活·读书·新知三联书店 1979 年版，第 211 页。

已有 11 所,学生人数有 1468 人。[1] 同时还鼓励民间私人创设私立职业学校,1942 年私立东南高级商业学校在赣南成立。[2] 随后一大批私立职业教育学校设立发展,如私立大中职校、私立章贡初级农业职业学校等先后创办。受此影响,兴国县私立的职业学校也得到了较大发展,该县商会于 1941 年设立了私立光华商业学校;1943 年,私立崇孝农业职业学校在兴国县县城成立(表 2-1)。

综上,赣南和兴国县乡村职业教育发展主要面向农村、农业和农民,所授农业技术实用性强,并且结合赣南的特色农业发展培养相关技术人才。这些职业学校的建立以及其他相关职业教育的推广,对当时农业生产水平的提高起到了推动作用,从而有效地缓解了因战争和天灾造成的粮荒和粮价波动,使得赣南成为前线的重要人力和物资供给基地。[3]

表 2-1 近代兴国县乡村职业教育学校一览表

时间	学校名称	办学情况	办学地址
1931 年 2 月	女子看护学校	招收 15 至 25 岁女子 100 名	县城岗赣西南总医院
1932 年 2 月	中国工农红军军医学校	军医、看护、药剂等 5 个班,有学生 266 名	兴国县茶岭
1933 年	列宁农业中学	春秋各招一班,学生近百人	县城新李家祠,后迁富坪
1933 年 10 月	教师训练班	学习两个月,分配至列宁小学	
1934 年 1 月	江西省第二列宁师范学校	学制分本科半年,预科一年	县城新李家祠,后迁城北凤凰庄

---

① 叶纲:《"赣南新政"时期教育述评》,硕士学位论文,江西师范大学,2001 年,第 20 页。
② 《赣县新志稿》,赣县县志局编印 1946 年版,第 92 页。
③ 邓钧宏:《中央苏区时期与蒋经国"赣南新政"时期赣南农村建设比较研究》,硕士学位论文,华南理工大学,2014 年。

续表

时间	学校名称	办学情况	办学地址
1941 年	私立光华商业职业学校	初商 4 个班 180 余人,高商 3 个班 110 名	
1943 年秋	简易师范学校	简易班和师训班,自创办至 1949 年夏,有毕业生 200 余人	县城张家祠,后迁桐塘口李家祠
1943 年秋	私立崇孝农业职业学校	有学生 130 余名	县城背街陈家祠

(二)教育方针政策和乡村职业教育组织

在乡村社会改造过程中,中国共产党人高度重视乡村教育事业的发展,尤其是与赣南苏区乡村社会发展联系最为紧密的职业教育,先后开展了一系列的乡村职业教育改革,制定了一系列的教育方针政策,建立和完善了乡村教育体系。这些为乡村职业教育的发展提供了指导和保证。

1. 职业教育方针政策的制定

中国共产党在赣南开展乡村职业教育探索过程中,制定了一系列的教育方针政策,包括具体的教育方针、政策法律以及学校管理规章制度等等,以此确保乡村职业教育的顺利开展。

一是明确了受教育权利问题,尤其是贫苦的工农阶级的受教育权利。苏维埃政权在多个纲领性文件中予以了明确的规定。如早在 1927 年 9 月江西苏维埃政权刚建立时就在颁布的《江西省革命委员会行动纲领》中规定"男女在经济上、法律上、教育上一律平等"①。而 1931 年中华苏维埃共和国成立后,在其《中华苏维埃共和国宪法大纲》中明确提出:"中华苏维埃政权以保证工农劳苦民众有受教育的权利为目的,在进行阶级

---

① 江西省档案馆、中共江西省委党校党史教研室编:《中央革命根据地史料选编》(下),江西人民出版社 1982 年版,第 1 页。

战争许可的范围内,应开始施行完全免费的普及教育。"①

二是苏维埃的教育方针问题。1930年中国共产党提出了教育与劳动相统一的施教方针,强调"以养成智力和劳力作均衡的发展为原则,并与劳动统一的教育之前途",教育要适应"在革命战争环境中所需要的革命工作的干部人才"。②

三是明确设立职业学校的问题。如在1933年中央文化教育建设大会通过决议的《目前教育工作的任务》中提出建立补习学校、职业学校、专门学校等,供超过义务教育年限的青年人和成年人学习。③在《苏维埃学校建设决议案》中规定建立短期的职业学校,其任务是提高青年人和成年群众的生活知识和技术。④1933年10月,全苏教育建设大会再一次明确"为战争的需要应当开办各种的职业学校"⑤。此外,《中华苏维埃共和国劳动法》也规定要"设立工厂或商埠学校,以提高青年工人的熟练程度"⑥等等。

四是对社会教育的具体要求。1927年9月,江西苏维埃政权颁布的临时政纲中明确了发展社会教育的要求,将此前工农社教育的方针具体化,如"注意工农成年补习教育及职业教育";"发展农村教育,提高乡村文化";"发展社会教育,提高普通文化程度"。⑦

---

① 中共江西省委党史研究室等编:《中央革命根据地历史资料文库·政权系统》(6),江西人民出版社2013年版,第112页。
② 江西省教育厅编:《江西苏区教育资料选编》,江西教育出版社1960年版,第147页。
③ 江西省教育学会编:《江西苏区教育资料选编(1929—1934)》,江西人民出版社1981年版,第41页。
④ 江西省文化厅革命文化史料征集工作委员会、福建省文化厅革命文化史料征集工作委员会编:《中央苏区革命文化史料汇编》,江西人民出版社1994年版,第68页。
⑤ 陈元晖等编:《老解放区教育资料》(一),教育科学出版社1981年版,第48页。
⑥ 江西省档案馆、中共江西省委党校党史教研室编:《中央革命根据地史料选编》(下),江西人民出版社1982年版,第139页。
⑦ 江西省档案馆、中共江西省委党校党史教研室编:《中央革命根据地史料选编》(下),江西人民出版社1982年版,第14页。

五是学校管理方面的制度。苏区政府十分重视学校教育管理。为此,中华苏维埃共和国中央教育人民委员部颁布了《短期职业中学试办章程》《女子职业学校暂行简章》《中央农业学校简章》《高尔基戏剧学校简章》等多部职业学校管理规章,指导这些学校的组织机构、法规政策、招生办学、资金筹措等各方面事宜,引导它们逐步走向法规化、正规化。如 1934 年三四月间,教育人民委员部制定《短期职业中学试办章程》,要求"现在江西公略、万太等已开办的'十四岁至十八岁'的所谓高级小学,应当遵照本章程改组;兴国县、博生等确有能力试办这种短期中学的县份亦应遵照本章程办理"①。

中央苏区时期相关法律制度的建立和完善,保障了乡村底层民众的受教育权利,塑造了他们的阶级观念、平等意识和追求未来美好社会的远大理想。尤其是苏维埃政府提出的使"广大中国民众都成为享受文明幸福的人"②,让人们"有健康的体魄,科学的头脑,艺术的兴趣,集团的思想,劳动的身手,革命的热情",使教育"慢慢进步到使人人自幼至老享受最完全的共产主义社会教育"③的教育目标,具有重要的教育思想启蒙意义,让我们认识到教育要积极促进人的全面发展,乡村职业教育的发展既注重理论,又强调实践;既立足于眼前,又着眼于未来。

2. 乡村职业教育的组织与体系

在一系列的教育实践中,中国共产党认识到专门教育组织对教育的重要作用。1930 年,兴国县革命委员会成立教育部,下设普通教育科和社会教育科。同时,全县各区、乡、村普遍建立了列宁小学。1931 年,兴

---

① 江西省教育学会编:《江西苏区教育资料选编(1929—1934)》,江西人民出版社 1981 年版,第 142 页。

② 《苏维埃中国》第一集,1933 年印行,中国现代史资料编辑委员会翻印 1957 年版,第 285 页。

③ 江西省教育学会编:《江西苏区教育资料选编(1929—1934)》,江西人民出版社 1981 年版,第 4 页。

国县各乡、村普遍开办了夜校、识字班、识字组,大力扫除文盲。苏维埃中央政府于 1931 年 11 月颁发《中华苏维埃共和国地方苏维埃暂行组织法(草案)》,提出中央苏区所辖各省、县、区、乡,应成立与中央教育部相对应的各级教育组织机构,如省、县、区苏维埃政府下设教育部,乡苏维埃政府设立教育委员会等。其中,中央苏区乡村教育隶属乡教育委员会管理,为苏区教育的发展,尤其是乡村职业教育的发展提供了组织保证。当时的兴国县作为苏区教育模范县,乡村教育非常普及,形成自上而下的教育网络。

1934 年 1 月 10 日,中华苏维埃教育人民委员部给兴国颁发了"教育工作的模范"荣誉称号,并印发了《兴国县乡村的教育》一文,介绍了兴国县乡村教育行政的组织、成人教育(包括识字运动的组织和夜校的组织)、列小教育实施情况以及兴国县教育工作的特点等经验以树立旗帜。①

乡教育委员会每周都会召开会议总结检阅本周工作,安排下一周的工作;每月月末召开一次会议总结一个月的工作,对下一个月的工作作出安排,参加会议的人员为列宁小学和夜校的校长、教员、俱乐部和消灭文盲协会主任等。乡教育委员会作为当时苏维埃最为基层的教育部门,由乡苏维埃指定的代表和群众团体组成,其组成人员来自社会各个领域,具有广泛的代表性。因此,在制定具体的教育措施时,能够保证坚持正确的政治导向,同时又能因地制宜地契合本地区、本行业的实际情况,从而推动苏区各地教育文化事业的发展。乡教育行政系统如图 2-1 所示。②

---

① 刘仁杰:《中央苏区教育梗概(下)》,《赣南师范学院学报》1981 年第 1 期。
② 李国强:《中央苏区教育史》,江西教育出版社 2001 年版,第 48 页。

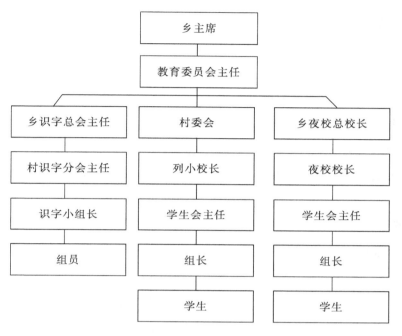

图 2-1　乡教育行政系统

第二节　兴国县乡村职业教育的探索实践

兴国县是著名的中央苏区模范县,兴国县各项工作都成为全苏区的典范。1934 年 1 月 27 日,毛泽东主席在向全国二苏大会所作的"结论"讲话中,表彰"兴国县的同志们创造了第一等的工作",并号召"要造成几千个长冈乡,几十个兴国县",把革命发展到全国去 。[①] 其中最为瞩目的是苏区兴国县的教育工作,尤其是与苏区乡村社会发展联系最为紧密的职业教育工作。兴国县苏维埃政府成立后,将发展乡村职业教育作为推动乡村社会改造的主要路径,先后开展了一系列的乡村职业教育改革探

---

① 　继传:《江西苏区各县苏维埃概况(四)》,《老区建设》1990 年第 4 期,第 47 页。

索,并取得了一定的成就。1934 年 1 月 10 日,中央教育人民委员部更是授予兴国县"教育工作的模范"称号。

一、农业职业教育的探索实践

在中国共产党建立苏维埃政权前,赣南山区的农业一直是一种"靠天吃饭"式的粗放发展模式。为扭转局面,中国共产党于 1929 年 4 月颁布《兴国县土地法》,明确规定了"没收一切公共土地和地主阶级土地"和"分配农民共同耕种",力图通过推翻中国传统乡村社会的封建土地制度,解放农村社会生产力。

农业的高效发展不能仅依靠生产关系的变革,还需要科学技术要素的有效投入。很长一段时间,中国农业生产技术都停留在父子相继的经验农学层面。所以,当西方农业技术受近代自然科学迅猛发展而不断革新时,我们的农业耕作制度仍"因袭着几千年以来的古法,与近世科学差不多还不曾接触着"[①]。为此,苏维埃政府建立农业职业学校,其目标一是为了培养农业技术人才和农业干部,开展农业职业技术教育的内容包括了气候常识、植物生理和病理常识、简易测量技术等;同时还包括各种重要作物栽培法、育种法;虫害、病害的预防和消灭的方法等。[②] 二是推广农业技术和搜集农事经验等。如 1933 年 3 月,中华苏维埃共和国临时中央政府在瑞金建立了中央农业大学,以该校为中心,推广农业职业技术教育,其主要任务是:1. 培养农业建设中、下级干部;2. 搜集和整理革命根据地农民群众及农事试验的经验,传播与推广农业技术;3. 计划革命根据地的农业建设。[③] 除此之外,苏区中央政府还先后创办了中央农业试验

---

① 丁守和:《辛亥革命时期期刊介绍》,人民出版社 1982 年版,第 194 页。
② 陈元晖等编:《老解放区教育资料(一)》,教育科学出版社 1981 年版,第 234—235 页。
③ 陈元晖等编:《老解放区教育资料(一)》,教育科学出版社 1981 年版,第 233 页。

场、中央农产品展览所等科研单位,用实验来培育优良品种。^①

兴国县在中央苏区时期发展农业职业教育。如1933年,在县城新李家祠建立列宁农业中学,春秋各招一班,学生近百人;1934年春夏之交,兴国县等县开办了一些短期的农业中学、棉业中学、纺织中学等。在举办农业职业教育的过程中,尤其注重实践教学,为满足生产技术课实习的需要,当时学校都是按照使"农业中学要靠近农村或红军公田,棉业中学要靠近棉田,纺织业中学要靠近机织工厂"^②的要求来办学的,将"实践第一,技术为重"作为基本的办学原则和办学思想。

二、卫生职业教育的探索实践

卫生职业教育关乎乡村居民的健康和乡村社会的发展。在中央苏区时期,为了给红军输送医护人员,诊治群众疾病,普及苏区卫生工作,苏区政府大力发展医疗、护理类技术教育。江西省苏维埃政府于1931年2月发布了《选派活泼青年女子入看护学校》的通告,通告的内容为开办一所女子看护学校,学员"专学习看护技术,以资将来做看护工作。学生名额一百名。年龄在十五岁以上二十二岁以下者,要忠实活泼可靠(稍识文字更好)"^③,并在兴国县城岗赣西南总医院举办了女子看护学校,招收15至25岁女子100名入校学习。

1932年1月,中华苏维埃共和国临时中央政府内务人民委员部决定在汀州开办一所看护学校,选拔江西、闽西各30名学员学习内外科诊治

---

① 中共瑞金市委、瑞金市人民政府编:《中央国家机关在瑞金》(内部资料),2007年版,第135页。

② 江西省教育学会编:《江西苏区教育资料选编(1929—1934)》,江西人民出版社1981年版,第141页。

③ 赣南师范学院、江西省教育科学研究所编:《江西苏区教育资料汇编(1927—1937)》(四),1985年,第72页。

和治疗及绷带、急救、看护常识与卫生常识等。① 1932 年 2 月,中国工农红军军医学校由于都迁来兴国县茶岭。全校分为军医、看护、药剂等 5 个班,有学生 266 名;1933 年 3 月,军医学校在茶岭招收第三期学员 80 名,学习期限 1 年。卫生职业教育为红军培养了大批急需的医护人才,他们为挽救红军战士的生命、抚慰伤者的心灵、诊治群众疾病、普及医理而忘我地工作,有效地保障了苏区广大军民的身心健康。

三、女子职业教育的探索实践

女性在乡村社会发展中发挥着重要的作用。中央苏区时期,为了充分发挥妇女在革命根据地经济生产和苏维埃革命政权建设中的积极作用,以"造就女子职业人才,使每一个女子都有职业,达到女子的经济与职业独立"②。苏维埃各级政府竭尽所能利用各种渠道开展各类女子职业技术教育。经过不懈努力,各地陆续举办了一批职业学校开展女子职业技术教育,且颇具影响。1931 年,闽浙赣省苏区政府设立女子职业学校,招收劳动女子和红军家属,设针织、缝纫、伤病护理等专业。③ 1932 年 3 月,湘赣省妇女第一次代表大会通过了《社会文化与卫生运动决案》,作出"开办女子工厂、女子职业学校、女子半日学校"④的决定,由此中央苏区女子职业教育开始规范化发展起来。

这一时期,兴国县乡村妇女抓住各种学习的机会,学习积极性非常高,这些在毛泽东当时的多份调查报告中都有记载。如毛泽东在 1931 年

① 《看护学校将开学》,《红色中华》1932 年 1 月 13 日。
② 赣南师范学院、江西省教育科学研究所编:《江西苏区教育资料汇编(1927—1937)》(六),1985 年,第 68 页。
③ 李国强:《苏区职业技术教育》,《江西教育》1986 年第 4 期。
④ 江西省妇女联合会、江西省档案馆编:《江西苏区妇女运动史料选编》,江西人民出版社 1982 年版,第 238 页。

写成的《兴国县调查》里写道:"平民夜学校村村都有……老的壮的少的都有,多数夜学有女子参加"[1];又1933年12月毛泽东的《长冈乡调查》一文记载:在全乡9所夜校的约300名学生中,妇女学生占了总数的70%;又毛泽东1934年1月的一次报告显示:中央苏区的江西、福建、闽赣三省共有(补习)夜校6462所,学生94517人,妇女即占夜校学生总人数的1/3,尤其是一些专门学校里面,女性学生占比更高,如银行专门学校,有时甚至一期全部招收的就是女生。在兴国县1000多个夜校的15740名学生中,妇女竟达10752人。识字组员22519人中,妇女达13519人,占60%。[2] 同时,兴国县还专门开设了各类女子职业学校,这些学校一般都根据社会需要,设有缝纫、染织、看护、编物等专业。尤其1931年2月由江西省苏维埃政府在兴国县城岗赣西南总医院设立的女子看护学校,被视为是苏区女子职业教育的开端。

四、工商职业教育的探索实践

乡村经济发展是乡村其他各项事业开展的基础。在苏维埃时期,乡村经济建设是革命工作的重要保障。毛泽东曾要求:"立即开展经济战线上的运动,进行各项必要和可能的经济建设事业。"[3]他还进一步指出:"我们的经济建设的中心是发展农业生产,发展工业生产,发展对外贸易和发展合作社。"[4]当时苏区的造纸、织布、炼铁、铸锅、石灰、农具、刨烟、熬硝盐、熬樟油、木器、篾器、制陶、煤炭等20多种的生产与经营以生产合作社形式开展的。[5]

---

① 陈元晖等编:《老解放区教育资料(一)》,教育科学出版社1981年版,第10页。

② 江西省妇女联合会、江西省档案馆编:《江西苏区妇女运动史料选编》,江西人民出版社1982年版,第173页。

③ 《毛泽东选集》第一卷,人民出版社1991年版,第119页。

④ 《毛泽东选集》第一卷,人民出版社1991年版,第130-131页。

⑤ 陈荣华、何友良:《中央苏区史略》,海社会科学院出版社1992年版,第258页。

兴国县是合作社运动的模范，早在 1931 年就组织了各类合作社，如消费合作社、粮食合作社、犁牛合作社、生产合作社等，成为当时中央苏区唯一一个在每个乡都有一个消费合作社和一个粮食合作社的县。1934年 9 月，兴国县被评为合作社运动的模范县。为更好地推动苏区工商业的发展，苏区政府大力开办工业、金融、商业等方面的职业学校，为工商业发展，尤其是乡村工业的发展培养技术人才，兴国县合作社运动能够蓬勃发展就得益于职业教育为其发展提供了各类人才支持。

五、职业培训的探索实践

职业培训是发展乡村职业教育的一种重要形式，主要以广大民众为主要对象，旨在通过开展各类急需的职业培训，提高民众的文化水平和生产技能。中央苏区时期兴国县乡村社会职业培训主要是穿插在干部培训、农民识字教育等各种形式的社会教育中，主要有短期的职业技能培训和干部技能培训等形式。

中央苏区时期，由于职业教育学校难以满足乡村社发展的现实需要，所以各类短期的职业技能培训纷纷开设，这类职业培训主要包括以校办为组织形式的短期职业中学、女子职业中学以及以社会办学为主要组织形式的工农夜校、工人实习学校、女子半日学校等，以培养 13 至 16 岁之间的工农子女以及成年群众为主，办学目的在于使青年和成年群众掌握一定的生活常识和劳动操作技术，普及工农的识字、算术等文化知识。同时，积极开展干部培训，相关的职业技能培训穿插在干部培训中，如毛泽东就曾提出在红军中开展军事技术教育培训以及举办教导队等问题[1]，他还多次为各类党政干部在职培训上课。1929 年 4 月，毛泽东在赣南兴国县主办土地革命干部训练班，亲自为训练班的学员讲述了当前形势、农

---

[1]　陈元晖等编：《老解放区教育资料（一）》，教育科学出版社 1981 年版，第 13 页。

民问题、土地问题、武装夺取政权问题和党的《十大政纲》,并详细地讲解了《兴国县土地法》。训练班结束后,学员们返回工作岗位,发动和组织农民开展了土地革命斗争。① 此外,"赣南新政"时期,各类职业培训也如火如荼地开展起来,其中百业训练班是当时短期职业培训的一种常态模式,开设的训练班有新闻图书技术人员训练班、乡镇卫生人员培训班、商人讲习会等。1944 年专署为加强职业补习教育又进一步规定:各厂、场工人、艺徒,在 50 名以上者,应设民众学校一所;在 100 名以上者,应增设职业实习班。②

第三节　近代兴国县乡村职业教育发展的主要特征

中央苏区时期赣南的苏维埃乡村改造运动是一场乡村社会改革,而发展乡村职业教育作为一项重要措施,是其改革的具体化,这项改革为中国乡村建设作出了探索。兴国县作为中央苏区县,是改革的主要试验区,乡村职业教育成为改造兴国县乡土社会不可或缺的动力。从总体上看,中央苏区时期兴国县的乡村职业教育开展得比较系统,举办了各类职业学校且做到了因地制宜,具有较强的针对性和实用性,在办学模式、教学内容、教学形式等诸方面进行了探索实践,办出了特色,并培养了大批技术人才,为兴国县乡村经济建设和社会发展提供了强大的推动力。

一、人民性与参与性

中央苏区时期,兴国县乡村职业教育发展最大的特征就是人民性和

---

① 皇甫束玉、宋荐戈、龚守静编著:《中国革命根据地教育纪事》,教育科学出版社 1989 年版,第 17 页。

② 《各公私营工厂应设民众学校》,《正气日报》1944 年 4 月 5 日第 3 版。

参与性。首先是人民性。苏维埃政权的建立后，政权的力量渗透到农村社会的最基层，从组织上把每个民众都纳入国家政权制度体系中来，"苏维埃政府亲密的与工农群众联成一片，群众认苏维埃是自己的"①，这时候工农群众掌握了包括教育权在内的政权，享有了文化教育的权利。正如毛泽东所指出的："在苏区一切文化教育机关，是操在工农劳苦群众的手里，工农及其子女有享受教育的优先权。"②因此，工农大众接受职业教育的权利得到了充分保障。不仅如此，当时的职业教育因面向乡村社会大众，还为不同的群体提供有差别的不同层次和类型的职业教育和职业培训服务，受教育群体最为广泛，几乎与乡村社会人人有关，与乡村社会事事有关。这充分彰显了苏区时期兴国县乡村职业教育的人民性特征。

其次是参与性。中央苏区时期兴国县的乡村职业教育高度重视乡村群众的参与，在教育事业中坚持"从群众中来，到群众中去"的工作方法。在办学实践中，兴国县的乡村职业学校大多是依靠工农群众的力量创办和发展的。换言之，工农群众不仅是乡村职业教育的受益者，更是乡村职业教育的参与者、建设者。各种业余学校从人才、物力、财力各方面都是工农群众以自给自足的方式解决。工农群众在办教育方面，发挥了高度的积极性和创造性，在课程设置、教学组织实施、师资等各个方面皆可瞥见乡村群众自主办学的智慧。如在师资方面，职业学校"密切联系群众"，广泛采取培养"工农中有一技之长"的能人来担任教师，同时再通过招聘、改造和利用旧的知识分子充实教师队伍，并以大力组织培训、边学边教等手段来解决教师紧缺问题。乡村职业教育适应了苏区革命的需要和乡村社会发展的需求，有效地动员了各类资源，极大提高了工农群众参与职业教育的积极性，而正是有了广大乡村民众的积极参与，兴国县的乡

---

① 《方志敏文集》，人民出版社 1985 年版，第 87 页。
② 《苏维埃中国》，中国现代史资料编辑委员会翻印本 1957 年版，第 282 页。

村职业教育才能出现蓬勃发展局面。

二、多元化与开放性

中央苏区时期兴国县乡村职业教育的发展另一显著的特点就是根据乡村经济社会发展的实际需要和乡村民众的不同需求,提供多元开放的职业教育。一是开设了各种类型的职业学校,如农业、医护、工商等专门的职业学校等等,为乡村民众提供了多元化的职业教育,同时实行多元主体办学、开放办学,积极吸民间团体举办职业教育。二是从职业教育的组织形式来看,当时的苏维埃政府根据苏区实际状况和群众的不同需求,从经济实用方面考虑,创造出许多前所未有的、灵活多样的,实用性、科学性很强的职业教育形式,如夜校、半日制学校、露天学校、星期天学校等,不局限于学校的职业教育,尽可能地为农民提供更多更实用的知识技术,调动了农民学习的积极性,使学习落在实处。三是中央苏区时期的职业教育的办学目标的多元化和开放性,即为乡村经济社会发展培养培训各类技术人才,为乡村基层治理培养培训干部,为军事斗争培养各类军事人才,等等。

三、乡土性与实用性

中央苏区时期兴国县乡村职业教育的发起者们本着科学务实的教育态度,深入乡村,扎根乡村,使得他们对乡村职业教育与乡村社会有着深刻的认识与了解,从而构建起符合乡村生活和自然需求的职业教育内容,具有典型的乡土性和实用性。

乡村天然的生活、生产和传统的文化技艺等为乡村职业教育提供了丰富的教育资源,铭刻了特有的文化基因。同时,在特定的时代背景下,乡村社会的发展又有其特殊的现实诉求。因此,中央苏区时期兴国县乡村职业教育，一方面在教育资源上选材于乡土，充分开发乡土资源，使得乡村职业教育得以贴合乡村居民的行动逻辑、嵌入乡村文化生态之中，具有典型的乡土性；另一方面，在具体教育实践中，根据乡村社会发展的需要、革命战争的需要和乡村民众的诉求，灵活设置应用型课程和教学内容，如农业种植养殖技术类课程、看护类课程、缝纫技术课程、军事技术类课程等等。这些内容是基于乡村社会的发展需要而设定的，同时又是融入乡村居民现实所需的职业技术内容，教育乡村民众，改造乡村社会，具有典型的实用性。

四、实践性与生产性

职业教育与生产实践相结合赋予了职业教育新的内容和生命力。从教学形式看，中央苏区时期兴国县的乡村职业教育坚持因地制宜、因人施教，坚持实践性与生产性，强调了教育与劳动相统一的教育方针。

在中央苏区时期兴国县乡村职业教育发展的实践，一方面持之以恒地强调和引导学生参加社会劳动实践，通过劳动增长知识和技能，使学生能在短暂的时间内学到更多的专业技能；另一方面，强调专业教学与专业生产相结合，在服务生产的同时促进学生感性认识与理性认识的贯通。在空间布局上，职业学校要求靠近农场、棉田等生产一线，如短期职业中学教育强调农业中学要靠近农村，棉业中学则要靠近种植棉花的农田，在纺织中学建立机织工场等等；在师资队伍建设上，强调教师需做到教学与生产相结合、课堂与现场皆熟络，承担教职的同时不脱离生产活动。这不仅契合了职业教育的办学特质，优化了教学效益，更使师生的所学有所用，提高生产效益。可见兴国县作为当时合作社运动的模范县，开办工农业技术等方面的职业学校和职业培训班以适应各类合作社发展对人才的需求，实现了职业教育与生产实践的相统一，其职业教育因而凸显出鲜明的实践性与生产性。

第四节　兴国县乡村职业教育发展的思想启蒙与价值传承

"启蒙"泛指任何通过宣传教育,使社会接受新事物而得到进步的运动。① 中国从 1840 年英帝国主义者以大炮轰开中国的国门后的"启蒙",则是指以理性的精神来打破几千年来禁锢着中国人思想的蒙昧主义,或者说指以"现代知识"来"重新估定一切传统价值"的"一种新态度",是人们对某一事物的一种新认识的开始,它代表了觉悟与进步。② 中央苏区时期,赣南乡村社会存在思想守旧、文化匮乏、经济凋敝等顽疾,而中国共产党在赣南乡村开展的苏维埃运动"是中央苏区时期以来中国社会变革运动的继续和深入,是中共在变革半殖民地半封建社会的奋斗中促成中国社会发展的一次革命性飞跃"③。这个飞跃为乡村建设作出了探索,具有开创性的意义和价值。尤其中国共产党在兴国县通过发展乡村职业教育改造乡村社会的思想和实践,具有重要的思想启蒙和传承价值。

一、坚持以人为本的价值取向

价值取向属于价值哲学领域的重要概念,是价值主体在进行价值活动时指向价值目标的活动过程,反映主体价值观念变化的总体趋势和发展方向。④ 在 20 世纪二三十年代的乡村建设运动中,不同的乡村建设团体在发展乡村职业教育过程中,有着共同的价值追求,即关注底层民众生

---

① 冯光廉:《启蒙问题研究新思路》,《东方论坛》2014 年第 4 期。

② 彭干梓、夏金星、邹纪生:《中央苏区时期中国职业教育的启蒙——晚清洋务派技艺、实业教育思想研究》,《岳阳职业技术学院学报》2005 年第 4 期。

③ 余伯流、何友良主编:《中国苏区史》,江西人民出版社 2011 年版,第 152 页。

④ 阮青:《价值哲学》,中共中央党校出版社 2004 年版,第 160 页。

计,致力于提高平民生活水平,"皆有悲天悯人的救世情怀,关注贫苦农民,主张均富,都具有较高的人生境界和献身精神"①,尤其是中央苏区时期,中国共产党领导的兴国县乡村职业教育发展更是坚持以人为本的价值取向,注重人的价值,关注人的生存和发展。所谓"以人为本",就是以人民的幸福为根本,即乡村职业教育发展以人民的幸福为目标价值取向。在此价值取向指导下,中央苏区时期中国共产党发展职业教育始终坚持以最广大人民群众的利益为根本追求,充分体现了党的性质和宗旨。在当前乡村振兴的背景下,乡村社会发展呈现出多样化和全面性的新特点,乡村民众的价值诉求亦发生了许多新变化,因此乡村职业教育的发展更应该坚持以人为本的价值取向。

其一,乡村职业教育的发展坚持以人为本,就是要着眼于乡村民众的全面发展,即不仅仅要关注服务于乡村居民基本生计生存发展,更应该服务于个体的生活质量的提升和可持续发展,尤其是要服务于乡村民众的精神文化生活,提高乡村民众的文化自信、塑造乡村民众的平等意识和追求美好生活的远大理想,从而发挥职业教育在乡村社会发展中解放人、塑造人、尊重人、促进人的全面发展的作用。

其二,乡村职业教育的发展坚持以人为本,就应该坚持乡村职业教育的普惠性和公益性价值,让发展乡村职业教育成为乡村地区普及高中阶段教育和延长乡村民众受教育年限的主要途径,成为面向人人、面向乡村的惠及最广泛群体的教育类型。同时,要从"为民做主"转变到"与民做主",即在发展乡村职业教育中,应尊重和支持乡村民众的积极性和创新精神,要尊重乡村民众的意愿,注重乡村民众的参与式发展,而不是"教鱼游泳",从而提供高质量的、有针对性的职业教育。

---

① 崔玉婷:《异源同流和而不同——梁漱溟、陶行知乡村教育思想比较研究》,《河北师范大学学报(教育科学版)》2006年第1期。

其三，乡村职业教育的发展坚持以人为本，就应有底层关怀和现实观照，即要关注乡村贫困群体、残疾人群体、乡村女性等特殊群体的职业教育问题，为这些群体提供所需的高质量的职业教育。如中央苏区时期，中国共产党从局部执政的角度对女性职业教育予以高度重视，自 1931 年兴国县女子看护学校开始，女子职业教育成为中国共产党一项卓有成效的开拓性事业，具有重要的思想解放意义和教育启蒙价值。乡村振兴中，乡村社会底层群体等处境不利群体更需要予以关怀与关注，乡村职业教育具有普惠性和公益性，使之与乡村社会底层群体有着天然的联系，应当关注乡村社会中的弱势群体，补偿利益受损者，以职业教育公平推动社会公平。

二、树立适应需求的办学理念

中央苏区时期，在兴国县乡村社会建设中，中国共产党认识到乡村社会的发展、民众思想观念的更新、技能素质的提高等都离不开职业教育。而在乡村职业教育办学的探索实践中，中国共产党深刻认识到办好职业教育的关键是要坚持适应需求的办学理念，即当下强调的增强职业教育的适应性。

当下乡村振兴中，发展乡村职业教育首先需要回答和解决乡村职业教育的供需问题，因为对职业教育实际需求的误判会导致职业教育办学的错位，从而导致职业教育供需的矛盾产生。乡村职业教育的发展关乎个体和社会，"一方为人计，曰以供青年谋生之所急也。一方又为事计，曰以供社会分业之所需也"①。即乡村职业教育要增强适应性，一则要适应乡村个体发展的需求，二则需适应乡村振兴发展对各类技术技能人才

———————————

① 黄炎培：《中华职业教育社宣言》，载陈学恂主编《中国近代教育文选》，人民教育出版社1983 年版，第 387 页。

的需求。

从适应乡村居民个体发展层面出发,乡村职业教育不仅要着眼于乡村民众的基本生计发展,而且要着眼于其精神文化生活,职业教育的发展还应该与乡村文化建设结合起来。同时建立开放多元的乡村职业教育体系,提供学校职业教育、职业培训等形式的职业教育,满足乡村民众个体的不同需求,提供有差别的多元的符合需要的职业教育。从乡村社会发展的层面看,需要在适应需求的办学理念指导下,让职业教育与乡村产业发展融合,实现教育供给与经济社会需求的有效对接。其办学目标、办学模式、教学内容、教学方法等方面都应与乡村社会发展实际需求相一致。再有就是设立各类合作社等专门的机构,推动知识技术向生产力的转变,充实乡村职业教育的内容,丰富职业的种类。

三、贯彻实事求是的办学精神

中央苏区时期兴国县乡村职业教育的发展一直坚持实事求是的办学精神。毛泽东在《改造我们的学习》的报告中指出:"'实事'就是客观存在着的一切事物,'是'就是客观事物的内部联系,即规律性,'求'就是我们去研究。我们要从国内外、省内外、县内外、区内外的实际情况出发,从其中引出其固有的而不是臆造的规律性,即找出周围事变的内部联系,作为我们行动的向导。"[1]中央苏区时期职业教育发展都是建立在深入基层调查的基础上的,尤其是毛泽东将实事求是作为发展中央苏区职业技术教育思想的精髓,先后作了大量的社会调查,如先后撰写了《兴国县调查》《长冈乡调查》等专门的乡村社会调查报告。

社会调查是"研究试验的指南针"[2]。职业教育要适应乡村社会发展

---

① 《毛泽东选集》第三卷,人民出版社 1991 年版,第 801 页。
② 李景汉:《定县社会概况调查》,中国人民大学出版社 1986 年版,"序言"第 2 页。

需求,就应该以科学的调查了解乡村实际情况为前提,这就需要我们发展职业教育之前应该深入乡村,实事求是地开展调查研究。同时,要坚持实事求是、因地制宜地发展乡村职业教育。我国幅员辽阔,各地乡村的自然条件、资源禀赋等因素千差万别。尤其是当下中国乡村社会发展的非均衡性非常明显,因而推行乡村职业教育过程中,应该注重因地制宜,突出特色,尊重事实,区分不同地区的特殊情况开展职业教育实验,进而推广,切不可脱离区域实际。

四、坚持扎根乡土的办学实践

乡村职业教育是与乡村社会发展联系最为紧密的教育类型,中央苏区时期的乡村职业教育的办学与乡村社会发展是紧密联系的,是在乡村办职业教育、为了乡村发展办职业教育。在乡村振兴战略背景下,乡村职业教育的办学实践中应该传承和发展中央苏区时期扎根乡土办职业教育的精神,积极嵌入乡村社会中,办成一种"在乡"和"留乡"的职业教育。

"在乡"的职业教育首先应该是"为乡"的职业教育,即服务于乡村发展的职业教育,其培养各类技术人才是按照乡村社会发展的实际需求培养的。办学立足乡村实际,其分专业和课程的设置立足于乡村社会的发展需求,具体的教学上真正地做到了工学结合、产学融合,办学场所分散于农场、林场、垦殖场,将乡村职业教育的教学搬到田间地头,真正嵌入乡村社会,切合乡村社会的实际和乡村居民个体需求,实现职业教育与乡村社会发展的融合。"从基层上看,中国社会是乡土性的。"①扎根乡土办职业教育,从职业教育办学本身层面来看,在办学目标上应该是为推动乡村发展而办的职业教育;在办学内容方面,要彰显"乡土性",围绕乡村产业发展设专业,服务乡村发展育人。同时,扎根乡土的职业教育应该是

---

① 费孝通:《乡土中国 生育制度》,北京大学出版社 2007 年版,第 6 页。

"留乡"的职业教育。所谓"留乡"的职业教育，强调的是人才培养的去向，培养的技术技能人才大多数是定向分配，从乡村中来，学成后投身于乡村社会发展中，留在乡村，扎根乡村。这样的乡村职业教育既传授了乡村发展所需的实用技术，又留住了乡村所需的人才，使得乡村发展良性循环。

本章小结

站在"第二个一百年"奋斗目标的新征程上，回眸百年来路，中央苏区时期的兴国县职业教育发展是中国共产党独立领导人民办职业教育的伟大实践，而当下的乡村振兴战略是中央苏区时期以来连绵不绝的乡村建设实践在新时代条件下的延伸和接续。因此，中央苏区时期兴国县乡村职业教育探索实践，对于当下的乡村振兴和乡村职业教育的发展具有重要借鉴传承价值。传承是对过去一切优良要素的传播和继承，中央苏区时期兴国县乡村职业教育发展中的一切积极因素都属于传承的范畴。其中教育先行是乡村社会发展的关键，尤其是在当下乡村振兴的背景下，应以发展乡村职业教育为先，通过发展乡村职业教育来为乡村振兴提供技术技能人才支持。而真正有生命力的好的乡村职业教育，应以乡村民众为重，坚持教育为民、以人为本的价值取向，是契合乡村居民个体发展的需要和乡村社会发展的需求，实事求是、扎根乡土大地办的职业教育。

▶▶第三章 嬗变与延续：社会变迁视野下的兴国县乡村职业教育发展

在社会学中,社会变迁是表示一切社会现象,特别是社会结构发生变化的动态过程及其结果的范畴①,即社会的前进、倒退及停滞等一切社会现象的发展过程称为社会变迁。亦有学者指出,所谓社会变迁,是社会学上对各种社会运动结果的综合名词,它泛指一切社会现象的变动。② 中华人民共和国成立七十多年来,尤其是改革开放四十多年来,中国乡村社会发生了宏大而深远的变迁。在这划时代的变革下,兴国县乡村社会的变迁像一条红线,贯穿整个乡村社会。换言之,我们需要先认识乡村,方能进一步改造乡村。以乡村社会的变迁为视角,通过考察新中国成立 70 多年来兴国县乡村社会的变迁和乡村职业教育的变革,来探寻乡村职业教育与乡村社会发展的内在关系。

---

① 郑杭生主编:《社会学概论新修》,中国人民大学出版社 2003 年版。
② 鲁洁主编:《教育社会学》,人民教育出版社 1990 年版,第306 页。

第一节　新中国成立以来兴国县乡村社会之变迁

乡村社会的变迁必然引起乡村职业教育的变革,某种意义上讲,乡村社会的发展变迁是我们了解乡村职业教育发展的前提基础。历经 70 余年的发展,兴国县乡村社会之嬗变聚焦在农村、农业和农民的变化中,因而梳理分析新中国成立 70 余年来乡村经济社会改革、农业产业发展、乡村工业发展和乡村人口的迁徙等,从乡村社会和乡村居民个体两方面来透视整个社会的变迁是探讨乡村职业教育发展的基础和前提。

一、乡村社会变迁之表现

美国人类学家艾立克·沃尔夫对农村社会进行深入研究后指出:"工业化与城市化的发展都是依托于农村社会基础之上,农村并不能直接从'传统'跳跃至'现代',必须经历一系列持续、变迁的过程。"[①]乡村社会变迁涉及多方面,如经济体制的变迁、教育体制的变迁、人口的变迁等等。新中国成立以来,乡村社会的变迁聚焦于乡村经济社会改革、农业产业发展、乡村工业发展和乡村人口的迁徙等多方面,尤其是改革开放以来,家庭联产承包责任制的推行、计划经济向市场经济的转变、乡村产业的发展、乡村人口的迁徙以及新世纪以来所进行的新农村建设、美丽乡村建设和乡村振兴战略的实施等,都有力地改变了乡村的生产生活条件,以及乡村社会运行模式。

（一）乡村社会制度之改革

新中国成立后到改革开放以前,兴国县的乡村经济体制是以人民公社集体所有制占主导地位,工商业主要是全民所有制企业和城镇集体所

---

① Wolf. , Eric R. (1966). *Peasants*. New Jersey：Prentice Hall, P. 225.

有制企业,个体企业极少。改革开放后,兴国县贯彻执行中央的改革开放方针,实行经济体制改革和综合改革,建立起农村基本经济制度和市场机制。改革开放初期实行以家庭承包经营为核心的农村经营体制改革,推行家庭联产承包责任制,极大地解放和发展了农村生产力。从 1985 年起全面调整农村经济结构和开展各行业配套改革。随着经济体制改革的进行,兴国县的经济结构由公有制(全民所有制和集体所有制)一统天下逐步转为全民所有制、集体所有制为主体,个体所有制和新型的合作经济等多种经济成分并存的所有制结构。到 1990 年,兴国县工业总产值中,全民所有制企业占 62.22%,集体企业占 35.69%,私立个体企业占 2.09%。全县社会从业人数达 26.65 万人。其中,乡镇办企业人数占 4.56%;联产办企业劳动者占 0.21%;城镇个体劳动者占 0.43%;农村个体劳动者占 1.26%;农村实行家庭联产承包的劳动者占 84.47%。[①] 本世纪初期开始实行以农村税费改革为核心的国民收入分配关系改革,开辟了统筹城乡发展的新途径。2003 年,中央对我国社会主义市场经济体制进行了全面部署,《中共中央关于完善社会主义市场经济体制若干问题的决定》明确提出了"深化农村改革,完善农村经济体制"的要求。[②] 从 2006 年开始进入农村综合改革的新阶段,先后出台了一系列措施保障和维护农民的物质利益与民主权利,全面地解放和发展农村生产力。兴国县亦在这一大背景下全面推进农村综合改革,为乡村社会建设提供制度保障。

(二)乡村农业产业之发展

新中国成立以来,兴国县农业发展历程总体上经历了从分散到集中再向双层经营体制转型的阶段,呈现出农业改革向纵深推进的动态过程,

---

① 兴国卷课题调查组编:《中国国情丛书——百县市经济社会调查:兴国卷》,中国大百科全书出版社 1996 年版。

② 《中共中央关于完善社会主义市场经济体制若干问题的决定》,《学习导报》2003 年第 11 期。

凸显了市场化、机械化等现代化表征。其突出表现为农业产业结构的变化和农业生产技术的革新。

首先是农业产业结构的变化。新中国成立以来，尽管兴国县的传统农业产业结构有了很大改变，但以农业为主的产业结构仍未有根本改观。20世纪50年代前期农业总产值占工农业总产值的比重一直在90%以上，以后虽然几经波动，但在1978年前基本上保持在80%以上。改革开放初期，随着乡镇企业的兴起，兴国县工业产值在工农业总产值中所占比例开始逐渐增长。1988年，工、农业产值各自所占比重发生较大变化。当年工业产值比重为35%，农业产值比重为65%。[①] 随着改革开放的深入以及工业化、城市化的快速发展，兴国县乡村经济社会面临着巨大转型和发展，以家庭为单位的传统生产方式正逐步向农业兼业化、非农经济化、市场化以及社会化的生产方式转变。20世纪90年代后，兴国县越来越多的农村劳动力开始外出进城务工，非农收入逐渐增多。2007年后，外出打工收入等非农收入成为乡村居民家庭收入的主要来源，乡村种养殖业的产值开始下降，农业兼业化日趋明显。此后，为了促进农业产业化发展，兴国县开始优化农业产业结构，依靠龙头企业牵头、农民参与的模式，形成了具有兴国县特色的主导农业产业。具体措施有：一是成立各种农民专业产业协会，兴国县先后成立了脐橙协会、蔬菜协会、奶牛协会等，从而使得特色农产品的品牌效应得到了显著的提升。[②] 二是成立农民专业合作社，发挥乡村能人的带动效应，推广现代农业科技，调高生产效率。有关报道显示，兴国县成立的各种农村新经济组织有100多个，涉及农户6万多户，有力地促进了农业产业化发展和农民增收。[③]

① 兴国卷课题调查组编：《中国国情丛书——百县市经济社会调查：兴国卷》，中国大百科全书出版社1996年版。

② 天华：《商标兴农，赣南田野绽放灿烂"表情"》，《赣南日报》2010年6月8日第2版。

③ 曾清兰：《兴国县拥有农村合作经济组织100多个》，《赣南日报》2010年5月19日第6版。

　　其次是农业生产技术的革新。兴国县农业生产技术的变革呈现出阶段特征,新中国成立后到改革开放之前,兴国县农业发展基础薄弱,农业生产条件落后,农业生产受自然条件的影响很大,有一个自然再生产与经济再生产交织的过程,这就使农业具有明显的不稳定性和脆弱性。兴国县素有"六山一水二分田,一分道路和庄园"之称,低山丘陵遍布邑内,盆地和平原甚少,加之人多地少,随着人口不断增加,农民人均耕地面积大幅度下降,1957 年人均耕地为 1.9 亩,1965 年下降到 1.47 亩,1978 年减少到 0.99 亩。[①] 同时水土流失也很严重,全县水土流失面积达 248.86 万亩,约占山地总面积的 84.78%。[②] 这种自然地理环境所能提供给农业发展的条件是相当有限的。而改革开放之前,兴国县农业生产方式基本上还是传统的小农生产,"一大二公"的人民公社体制又严重挫伤了农民的生产积极性,农业生产始终处于"低谷"。

　　改革开放后,兴国县开始重视依靠科技发展农业,积极推动传统农业向高产、优质、高效的现代农业转变。进一步强化农民的科技意识,利用各种宣传工具、阵地,广泛深入地开展科技兴农宣传。为保证科技兴农的广泛深入发展,兴国县建立健全了县、乡(镇)农技服务网络,强化农技推广体系,稳定农业科技人员。县、乡成立了科技兴县(乡)领导小组,村配有专(兼)职农技员,全县乡、村有 800 余名专职技术员,重点抓农业新品种、新技术的引进推广和良种基地建设.促进了粮食和其他农作物的稳产、高产。1990 年全县各类科技示范点有 397 个,科技示范户 5557 户。实行技术承包责任制,重点抓杂交水稻制种、甘蔗、烤烟等技术承包。[③]

　　① 傅伯言、罗莹:《他们走出了绝对贫困的沼泽——对毛泽东〈兴国县调查〉中有关人员后裔情况的再调查》,《江西社会科学》1999 年第 1 期。
　　② 兴国卷课题调查组编:《中国国情丛书——百县市经济社会调查:兴国卷》,中国大百科全书出版社 1996 年版。
　　③ 兴国卷课题调查组编:《中国国情丛书——百县市经济社会调查:兴国卷》,中国大百科全书出版社 1996 年版。

进入新世纪,兴国县开始走现代农业发展之路,把科技研发、技术推广作为现代农业的主要支撑。尤其是近年来,一方面,重视农业科学技术的研究,与科研机构合作,为发展现代农业产业提供优质种苗、种植技术服务等,加强农业科技成果的引进、开发、示范与推广。另一方面,重视农业技术人才的培养,培养大量乡土人才,先后组织农民开展烤烟、制种、生猪饲养等农业产业实用技术培训;实施新型职业农民培育、"一村一名大学生"、农民夜校等工程,着力提升农民素质;在全县油茶、蔬菜、脐橙、烟叶等产业发展中,活跃着 1.2 万名各类专业技术人员。

（三）乡村工业的变革

乡村工业是乡村经济的重要组成部分,兴国县乡村工业的发展最早是从发展农用工业开始的。1953 年兴国县开始经营少量的化肥,1956 年开始推广农药。20 世纪 60 年代初期,由于多种经营和农业生产的发展,兴国县农用工业品的供应量有所上升。但总体上看,兴国县乡村工业发展起步较晚,直到改革开放后发展才较为迅速。

20 世纪 80 年代实行家庭联产承包责任制后,农用工业品的需求越来越大,农用工业经过 5 年的发展,生产能力有较大的提高,到 1985 年,兴国县全县各乡农机厂生产碾米机 104 台,打谷机 5 台,脱粒机 1100 台,粮油加工机械 55 台。① 随着改革的深入,在农村地区出现了兴办乡镇企业的高潮,乡镇企业开始异军突起,大量的剩余劳动力转移进入乡镇企业就业,实现了离土不离乡。到 1990 年,兴国县共计有乡（镇）村办企业 684 家,合作经营工业 239 家,个体工业 3069 家,工业总数比 1980 年增加近 3 倍,初步形成乡办工业、村办工业、合作经营工业和个体业"四轮驱

---

① 兴国卷课题调查组编:《中国国情丛书——百县市经济社会调查:兴国卷》,中国大百科全书出版社 1996 年版。

动"的局面。① 乡镇企业作为农村改革的副产品，是"农村改革中，我们完全没有料到的最大收获"②，在 20 世纪 80 年代有力地推动了中国农村工业化和现代化。但是进入 20 世纪 90 年代后，随着社会背景和市场环境的变化，尤其是企业产权制度的改革，乡镇企业开始急剧衰落。兴国县的乡镇企业亦经历了这么一个过程，在短暂的发展之后，也走向了衰落。1990 年乡办工业企业的工业总产值比 1989 年低 1.1%，村办企业总产值也只比 1989 年增长 3.5%；与此同时，个体工业的总产值增长了 32.4%，全县至 1990 年为止，没有一个村级企业纯收入超过 10 万元。③ 进入新世纪后，兴国县开始承接东部产业梯度转移，大力发展县级工业园，乡村工业也开始向县城集中。而随着乡村青壮劳动力大量外出务工，乡村产业逐步荒芜。近年来，随着乡村振兴战略的实施，乡村工业发展成为产业兴旺的重点，乡村产业开始逐步优化，乡村工业得到了较快恢复和发展。

（四）乡村人口的流动

改革开放后，随着沿海工业的快速发展，吸收农村劳动力的能力极大地增强。由于进城打工收入高于一般务农的收入，于是农村大量剩余劳动力向沿海城市转移，兴起了"打工潮"。兴国县是个农业县，农业人口和农村劳动力占全县总人口和总劳动力的绝大多数。如根据相关统计，1992 年全县农业人口 55.8 万人，农村劳动力 24.3 万人，而农村剩余劳力有 13.6 万人，占农村劳动力总数的 56%。在打工潮的背景下，兴国县成为一个劳务输出大县，大量的农村剩余劳动力外出打工。根据有关统计，自 90 年代起，兴国县每年有 15 万余人外出闽粤等地打工，该县有多

---

① 兴国卷课题调查组编：《中国国情丛书——百县市经济社会调查：兴国卷》，中国大百科全书出版社 1996 年版。

② 《邓小平文选》第三卷，人民出版社 1993 年版，第 238 页。

③ 兴国卷课题调查组编：《中国国情丛书——百县市经济社会调查：兴国卷》，中国大百科全书出版社 1996 年版。

个乡镇成为劳务输出重点乡。80 年代末到 90 年代,兴国县剩余劳动力向二三产业转移的渠道主要有:一是向乡镇企业转移,这是兴国县农村劳动力转移的主要渠道,占转移到二、三产业劳动力总数的 66.7%。二是向个体摊点服务业转移,这类行业所需资金少,周转快,经营方式灵活,所以兴国县从事个体摊点服务业的农村劳动力总数及其比重增长速度最快。90 年代后期,尤其是进入新世纪以来,乡村人口流动经济发达的珠三角、闽三角和长三角地区,主要从事建筑、服装和轻工业。当时的乡村人口流动多处于无组织、无管理的状态,如根据 1990 年统计,在劳务输出中,有组织输出仅 78 人,占输出总人数的 1.5%。实际比例大概还要低于这一数字。① 为适应经济社会的发展,兴国县设立了劳动就业服务管理局,主要负责就业前培训、劳动就业安置和劳务输出的管理。

兴国县乡村外出务工群体基本上没有接受过专门的技能培训,劳动力文化素质与劳动技能不高,大多数人都是在工厂生产流水线、建筑工地等地从事简单的体力劳动,劳动待遇较低,就业也不稳定。进入新世纪以来,随着东部沿海产业转型升级,大多无一技之长的兴国县外出务工者越来越难找到合适的工作,不得不返回家乡。尤其是 2008 年后,兴国县开始出现了一股"返乡潮""创业潮",其中有部分是因为沿海发达地区经济遭受金融危机冲击,找不到工作而选择返乡就业的。随着兴国县承接东部产业梯度转移的发展和乡村产业的发展,很多乡村剩余劳动力可以就近找到就业岗位。再有就是一批外出就业创业者,有一定资本积累后,在家乡投资环境的吸引下,选择返乡投资创业。截至 2005 年底兴国县就有 1100 余人返乡创业,兴办企业 120 多家,激活了上亿元投资。②

---

① 兴国卷课题调查组编:《中国国情丛书——百县市经济社会调查:兴国卷》,中国大百科全书出版社 1996 年版。
② 黄慧:《农民工回乡创业行为分析——以兴国县农民"创业潮"为例》,《天津市工会管理干部学院学报》2007 年第 2 期。

　　我们 L 村是镇中心区,人口 3700 多人,但是耕地只有 2300 余亩,其他的主要是山地,属于低山丘陵地貌,"八山半水一分田"。以前我们农村人主要就是种田为生,但是由于人多地少,山多田少,日子过得很艰苦。改革开放后,承包到户,大家的生产积极性得到了极大的提高,除了种水稻之外,有村民开始种植烟叶、甘蔗等经济作物,也有村民开始搞起了灰鹅、鸡鸭等养殖;大概是 1990 年后,村中家庭生产结构发生大变化,青壮年男人外出广东、福建打工,妇女和老人留在家种田和照顾孩子。再到后面就是年轻人都外出打工了,留下老年人在家种点田。那时农村主要还是从事传统的农业生产,有些手艺人在农闲时会做木工活、做篾匠或做爆竹等。到 2006 年左右,村里大多数家庭的主要收入来源则是依靠打工收入,这时候基本没什么人种田了。但 2012 年后,村中外出打工的人开始"回流",村里开始发展规模化的种植和养殖,成立了农业合作社,吸引了村中农户加入,如我们村中的花卉、苗木种植就已经成了大产业,成了特色产业,销往县里和市里广大地区,村集体经济不断壮大。(WM,村支书)

二、乡村社会变迁之透视

　　欲解决乡村社会发展问题,探寻乡村社会发展之路,则需先认识乡村,而认识乡村则需从认识乡村发展历程开始。要本着历史的眼光去观察认识,"要从其来历背景而有以测其前途将要如何才行。"[①]中华人民共和国成立 70 多年来经历了以下两大发展阶段:第一个阶段是新中国成立到改革开放之前(1949—1978);第二个阶段是从 1978 年改革开放以来到目前。在这两个阶段的发展中,改革的起点都是从乡村社会开始。新中

---

① 梁漱溟:《乡村建设理论》,上海人民出版社 2006 年版。

国成立后，人民公社制度的建立是从改造农村社会结构开始的，改革开放初期亦是从实行农村家庭承包责任制开始的。乡村不再是彼时的农村，乡村发生了巨大变化。

（一）乡村社会层面

新中国成立后，乡村社会制度的变迁和经济体制的改革深刻影响乡村社会的发展，其中人民公社制度的建立彻底改造了乡村传统的社会结构，逐步实现国家权力向村镇基层组织渗透。进入新世纪以来，农村税费改革、农业税的全面取消以及"建设社会主义新农村"、美丽乡村建设、乡村振兴战略等一系列推动"三农"发展的有效政策举措的实施，进一步凸显了乡土社会现代变迁的进步意义，而发展乡村职业教育则是这些政策举措中的重要内容和具体路径，在中国乡村现代化建设的进程中扮演着十分重要的角色。

改革开放后农村家庭联产承包责任制的实施和经济体制的改革，极大地解放和发展了农村生产力。高度集权的计划经济向市场经济体制转轨，乡村经济体制的改革更是有力地改变了乡村的生产生活条件，深刻影响了乡村社会的变迁，其直接影响是农业生产方式改变提出新的农业技术要求、乡村产业结构调整、农村剩余劳动力转移就业、乡村人口自由流动等等，伴随着这些变迁，乡村职业教育亦不断地调整中，以适应乡村社会的发展。

（二）乡村个体层面

中国的改革是从乡村开始的，改革使乡村居民摆脱了人民公社制度的强力控制，可以以独立的商品生产者的身份参与市场竞争，亦可在自主流动中选择职业。从乡村居民个体的层面看，伴随着乡村社会的变迁发展，乡村居民个体在享受着乡村社会变迁发展带来的成果的同时，亦经历并承受着乡村社会变迁带来的身份"枷锁"和价值抉择。这些变化深刻影响了乡村居民对于乡村职业教育的态度、接受职业教育的意愿等,而乡村职业教育对于乡村居民个体的发展也在社会变迁中逐步凸显出来。如剩余劳动力外出打工,使得打工收入成为兴国县乡村居民家庭收入的主要来源,深刻影响乡村生活的方方面面。有学者指出打工经济具有强大的回馈效应,外出打工者有了一定的资本和技术积累后,将先进的知识理念、资本技术等带回原籍地,打工者返乡消费、投资以及知识传播等成为原籍地城镇化建设重要的推动力量和途径。[①] 兴国县乡村人口自改革开放以来形成的"打工潮"和"返乡潮"正说明了这一点。

从文化层面来看,乡村社会 70 多年来的发展变迁,在传统乡土文化与现代价值观念的急剧碰撞下,尤其是伴随着现代化、工业化、市场化的过度开发和破坏下,使得传统村落逐步荒芜消失,乡村文化面临着某种程度上的认同缺失,整个乡村生态失调,尤其是传统文化的断裂与破坏,造成了乡村民众传统优秀文化和价值认同的迷失。而这种文化的变迁又直接影响着乡村职业教育的价值取向、发展定位等。

第二节　社会变迁视野下的兴国县乡村职业教育发展

乡村社会的变迁深刻影响着乡村社会,乡村的工业化、人口的流动等自然影响到乡村职业的发展。新中国成立以来,兴国县乡村职业教育不断改革创新,服务于乡村社会经济体制改革和重大战略实施,在乡村社会现代化发展中发挥着重要的作用。纵观 70 多年的发展,社会变迁下的兴国县乡村职业教育发展伴随着不同历史时期政治、经济、文化的发展,经历了不同的阶段(图 3-1),包括新中国成立后的探索发展(1949—

---

① 叶德磊:《外出打工的回馈效应与县域经济的发展——以中部若干县为例》,《江西社会科学》2010 年第 7 期。

1979）、新时期的恢复发展（1980—1999）、新世纪以来的多元发展（2000—2011）、新时代的创新发展（2012—），形成了不同的阶段性发展特色，呈现出鲜明的时代烙印。

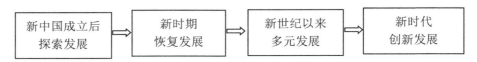

图 3-1　兴国县乡村职业教育发展历程

一、新中国成立后的探索发展（1949—1978）

新中国成立后，人民公社制度的实施，使得中国传统乡村社会结构发生了彻底的变革，同时随着一系列制度的安排，国家政权也逐步向乡村村政基层组织渗透。所以在这一阶段，制度变迁成为乡村职业教育变革的决定力量，乡村职业教育的发展重点是服务于农业生产和乡村社会发展，其中尤以农业发展为关键。当时农业生产力低下，粮食生产是至关重要的，是整个国家建设的基础。为提高农业生产力，国家探索性地试办农业中学，农村职业中学的数量由 1963 年的 3757 所提高到 1965 年的 54332 所，三年内学校数增加了近 15 倍，同时在校生人数由 25 万人增加到 317 万人，增长了近 13 倍①，为乡村社会发展培养了大量的实用人才。这一阶段兴国县探索乡村职业教育的"为农"发展之路。兴国县既是革命老区，又是山区。新中国成立初期，兴国县经济发展水平低缓，各项事业的发展急需各类人才，尤其是农业生产管理和技术人才短缺，为适应乡村经济社会的发展，兴国县采取了一系列的发展措施。

（一）探索发展中等专业职业教育

这类职业教育主要有农业职业教育和卫生职业教育。农业职业教育

---

① 《中国教育年鉴》编辑部编：《中国教育年鉴 1949—1981》，中国大百科全书出版社 1984 年版，第 181 页。

的发展包括创办农业中学和开办中等农业技术学校。从 1958 年到 1968 年，全县共办农业中学 43 所，学生 2806 人，学制三年，1968 年后有的停办，有的转为普通中学。1958 年 9 月开办的中等农业技术学校，招收具有初中文化程度的学生 48 名，这批学生一年后提前毕业并由县农业局分配到公社工作。该学校 1959 年 10 月停办，仅开办了一年。卫生职业教育方面，1958 年，兴国县卫生学校开办于县人民医院，护士班有学生 100 名，医士班有学生 50 名，学制二至三年。1965 年，代赣州地区农村医士班培训学员 50 名，县办半农半医班，学员 30 名。1974 年 10 月，改为赣州地区卫生学校兴国县分校，由地区统一招生，学制二年。至 1982 年，培养护士 256 名，医士 40 名，助产士 43 名。

（二）探索半工半读的劳动大学

新中国成立初期江西共产主义劳动大学（简称江西共大）半工半读的农村职业模式为乡村社会发展培养了大量的实用人才。江西共大的办学立足乡村发展实际需求，面向乡村居民个体需求，培养乡村基层所需各类人才。江西共大的分校大多建山区、农场、林场，真正地将学校办在了乡土大地上。江西共大在教学管理上实行系场合一、组队班合一的体制。① 在二十多年的办学实践中，江西共大始终将推动和加快农村经济与教育的发展放到了重要的地位，将普及农业、农村发展的知识融入教学与生产中，形成了具有初等、中等、高等不同层级和多种规格的办学体制。②

1958 年，江西共产主义劳动大学兴国县分校（简称兴国县共大）创办，这是一所半工半读的农、林、牧中等技术学校，其办学中坚持半工半读，理论联系实际，将教学、生产、科研结合在一起。校址最开始设在兴国

---

① 徐巧云：《江西共产主义劳动大学研究》，硕士学位论文，浙江师范大学，2014 年。
② 徐巧云：《江西共产主义劳动大学研究》，硕士学位论文，浙江师范大学，2014 年。

县一垦殖场，1961 年 3 月迁到新校舍，1962 年学校停办，1965 年秋学校复办，分为校本部和兴国县某畜牧场、林场分部。1981 年 3 月改名为兴国县共产主义劳动大学。招生的对象为初中毕业生，学制三年。1971 年起，学制改为二年，学生社来社去；该校先设有农学、林学、畜牧三个系，后分农、林、牧、农机、农经五个专业。在课程设置方面，农业专业开设作物栽培、作物保护、土壤肥料、植物生理等课程，畜牧专业开设家畜饲养学、畜牧学、传染病学、寄生虫学、中兽医基础学等课程。学校先后办有工厂、农场、林场、畜牧场，进行过水稻高产栽培、品种对比、高粱杂交、菌肥施用、生猪育肥、畜禽防治、林木速生丰产等科学实验。从办学效果来看，兴国县共大办学 20 余年来，毕业学生 2330 名，其中农机 200 人，农技 800 人，林业 450 人，水电 100 人，畜牧兽医 500 人，农经 50 人，民办教师 110 人，赤脚医生 120 人，为全县工农业生产的发展，特别是提高科学种田水平，发挥了积极作用。根据该校的不完全统计，在 20 世纪 90 年代以前，兴国县 80%以上的乡镇农技站站长、畜医站站长都是该校毕业生，农业系统、林业系统一半以上干部职工是该校毕业的，兴国县最早开汽车、开拖拉机的是该校培养的毕业生。

（三）乡村传统手工艺传承的延续

新中国成立初期，生产力水平较低，以传统手工艺传承为代表的乡村社会职业教育是兴国县乡村职业教育的重要形式。兴国县的传统手工艺群体众多，如木匠、石匠、篾匠、铁匠、裁缝等，传统手工艺是他们谋生的基本技能、赖以生存的根本。传统手工艺与乡村社会是紧密联系的，与乡村的生产生活融为一体。传统手工艺的传承主要是在乡村社会中自发地形成，具体形式主要有师徒传承或者家族传。传统手工艺不仅仅是一门技艺，手工技艺背后的师徒关系、行业标准、工匠精神等等，更是乡村的文化、精神。传统手工艺的传承有力地推动了乡村手工业的发展和乡村社会发展。家庭劳动力多从事传统的农业生产，第一代和第二代个别男性劳动力在农闲时从事木工、篾匠或做爆竹等手艺劳动。

（四）阶段发展特征

这一阶段的农业中学、卫生职业教育等专业职业教育和共产主义劳动大学等形式的乡村职业教育是一种"在乡"的职业教育和"留乡"的职业教育，即其培养各类技术人才是按照乡村社会发展的实际需求定向培养的，所以是一种"在乡"的职业教育，是乡村社会发展急需的人才；同时这些培养的技术技能人才大多数是定向分配，从乡村中来，学成后投身于乡村社会发展中，留在乡村，扎根乡村，是谓"留乡"的职业教育。这样的乡村职业教育既传授了乡村发展所需的实用技术又留住了人才，使得乡村的发展良性循环。

共产主义劳动大学是一种具有重要传承价值的乡村职业教育办学模式，共大的办学立足乡村实际，其专业和课程的设置立足于乡村社会的发展需求，具体的教学上真正地做到了工学结合、产学融合，办学场所分散于农场、林场、垦殖场，将乡村职业教育的教学搬到了田间地头，真正地嵌入乡村社会，切合乡村社会的实际和乡村居民个体需求，实现了职业教育与乡村社会发展的融合。

二、新时期的全面恢复发展（1978—1999）

改革开放以来，从"文化大革命"浩劫中走出来的乡村职业教育开始进入新时期的恢复阶段。为了促进乡村经济结构的调整，实现乡村经济可持续发展，国家在相关政策层面向乡村职业教育予倾斜。1985年《中共中央关于教育体制改革的决定》指出，"社会主义现代化建设不但需要技术专家，而且迫切需要千百万受过良好职业培训的城乡劳动者"[1]，国

---

[1] 《中共中央关于教育体制改革的决定》，《民主与科学》2009年第5期。

家教委在《深入推进农村教育综合改革的意见》中提出了要进一步调整和优化农村教育结构,出台了"三教统筹"与"农科教结合"的政策。① 相关部门先后实施了"星火计划"(原国家科委)、丰收计划(原农牧渔业部)、"燎原计划"(原国家教委)等。这一阶段整个兴国县乡村经济社会发展面临以下几个问题:一是农村实行家庭联产承包制,农业的发展急需各类技术人才。二是剩余劳动力转移问题,分田到户以后,绝大多数农村都解决了温饱问题,但因为人多地少,农村剩余劳动力需要通过接受职业教育来学习职业技能谋生。三是乡镇企业发展急需各类技术人才,大量农民转移进入乡镇企业。在这一背景下,兴国县为全面提高劳动者的文化技术素质,促进乡村经济发展,先后采取了一系列的措施来积极发展职业教育,包括设立职业学校、开展职业培训以及在普通中学增设职业班等等,乡村职业教育进入全面恢复发展阶段。

(一)各类职业教育学校的设立

为适应乡村经济社会发展尤其是农业现代化发展,1980 年开始,国家根据发展生产和服务性行业的需要,开始举办各类职业学校,鼓励适当将部分普通高中改办为职业(技术)学校、职业中学、农业中学。② 在这一背景下,兴国县先后设立了一批职业技术学校并开设乡村社会发展急需的专业(见表 3-1)。一是公办的兴国县职业中等专业学校。该校前身是江西共产主义大学兴国县分校。1984 年,兴国县共大改办为职业技术学校,增设畜牧兽医和林业水保职业班。1985 年,兴国县职业技术学校增设幼师、园艺、畜牧班,学校发展到 6 个专业,7 个班,322 名学生。1995年秋季开办职业中专。二是兴国县卫生职业技术学校。该校由兴国县卫

---

① 《国家教委关于深入推进农村教育综合改革的意见》,《北京成人教育》1995 年第 9 期。
② 《国务院批转教育部、国家劳动总局关于中等教育结构改革的报告》,《中华人民共和国国务院公报》1980 年第 16 期。

生干部培训学校于 1988 年改办而成,以培养农村医务人员为目标,当年
开办乡村医生班 1 个,招收学生 56 人。1995 年,经江西省教育委员会批
准开设职业中专班,1999 年开设护理大专班,为兴国县乡村社会发展培
养了一大批各类医护类技术人才。三是鼓励社会力量办职业教育,兴国
县先后设立了一系列民办职业学校,开展学历教育和职业培训,为乡村社
会发展培养人才,如兴国县东风服装培训学校、兴国县兴旺职业技术学
校、兴国县日升科技工程职业技术学校等等。

表 3-1 兴国县的职业学校及专业设置

年份	学校	专业设置及基本概况
1984	兴国县职业技术学校	农经、水电、畜牧兽医、林业水保、幼师、园艺、财会、果茶、家用电器等
1988	兴国县卫生职业技术学校	医护类专业、培养乡村医生和接生员
1992	兴国县东风服装培训学校	服装设计、剪裁缝纫
1993	兴国县兴旺职业技术学校	电脑技术培训
1998	兴国县日升科技工程职业技术学校	集学历教育与职业培训为一体

(二)乡村职业培训的开展

1983 年,《国家教委关于大力发展乡(镇)、村农民文化技术学校的意
见》等文件,要求通过丰富办学形式来推动农村职业教育发展。兴国县
这一时期从乡村社会发展的实际出发,因地制宜,根据当地乡村产业发展
实际和需要,开展职业培训。一是实行精准的农村实用技术培训。从
1986 年开始,兴国县大力开办农村实用技术培训,依托乡村农校广泛开
展"种、养、加"等多种实用技术培训。如兴国县先后开办了科学养猪培
训班、埃及塘虱鱼养殖培训班、活拔鹅鸭毛新技术培训班、烤烟优质高产
规范栽培技术培训班、水稻板田育秧培训班、水稻抛秧技术培训班、甘蔗
高产高糖栽培技术培训班、灰鹅养殖技术培训班、大棚蔬菜栽培技术培训

班等等,培养了一大批农村实用技术人才。尤其是 1996 年,兴国县政府与国土资源部赣南老区扶贫中心联办赣南种养业培训中心,建立专业养殖场、食用菌生产中心、家禽孵化场、大棚蔬菜基地和水产养殖基地,立足扶贫,面向赣南,开展实用技术培训,举办各类培训班 29 期,培训学员2194 人,为兴国县乃至整个赣南老区培养了一大批专业实用人才。此外,兴国县还把文化培训与技术培训结合起来,先后开办农业业余文化技术学校 135 所。二是注重现代技术的推广和传播,通过编印专题技术资料的形式,向乡村居民开展技术培训。从 1986 年到 2000 年,兴国县先后编印了《科学养猪法》《埃及塘虱鱼》《白莲的栽培管理》《生姜的高产管理措施》《烤烟栽培技术》《密植油茶栽培技术》《甘蔗高产栽培技术》《甘蔗高产高糖栽培》《兴国县灰鹅养殖技术》《水稻抛秧技术》《食用菌栽培技术》等各类技术资料,发至乡村农户及专业户,广泛传授各种技术,其中多项技术列入国家的"星火计划"。如"兴国县灰鹅的发展及其综合加工利用"项目列入国家"星火计划"并于 1989 年 12 月获国家星火四等奖,省二等奖。"长冈水库大水面养鱼技术开发"项目列入省"星火计划","均福山云雾茶系列产品开发"项目列入地级"星火计划"等等。

(三)普通中学中设立职业班

在普通中学中设立职业初中班和职业高中班(表 3-2)是这阶段兴国县发展乡村职业教育的有益探索,是早期探索职普融合、"三教统筹"的具体实践。首先是普通高中设立职业班。最早的职业班是兴国县一中在1984 年附设的无线电班,1985 年又附设了财会和工艺美术班,之后是兴国县三中、古龙岗中学、高兴中学、画眉坳钨矿中学等纷纷开设农学、养殖等职业班,到 1986 年全县普通中学中有职业高中班 9 个,在校学生 343人;1987 年全县有职业高中 20 个班,在校学生 859 人;1990 年全县有职业高中班 17 个,学生 784 人;1993 年全县有职业高中学生 1135 人,2000 年有职业高中生 1706 名。二是职业初中班。1984 年,兴国县均村、枫边、永丰三所农村初中进行教育体制改革试点,改三年制初中为四年制,最后一年学专业。1985 年均村、枫边两所改制初中,增设职业初中班各 1 个。再到 1993 年,枫边、杨村普通初中附设职业班各 1 个,当年全县有职业初中学生 337 人;职业初中主要开设农业、畜牧兽医、农机等专业,于 1999 年停办。

表 3-2   1986—2000 年兴国县职业教育基本情况一览

单位:个、人

年份	学校数			班级数			毕业生数			招生数			学生数		
	合计	高中	初中	合计	高中	初中	合计	高中	初中	合计	高中	初中	合计	高中	初中
1986	4	4		20	20		96	96		443	443		827	827	
1987	4	4		20	20		79	79		256	256		859	859	
1988	4	4		18	18		162	162		240	240		720	720	
1989	5	5		18	18		325	325		410	410		764	764	
1990	5	5		17	17		184	184		400	400		784	784	
1991	4	2	2				409	236	173	601	401	200	998	825	173
1992	4	2	2				345	264	81	650	450	200	1185	906	279
1993	4	2	2				491	443	48	654	504	150	1472	1135	337
1994	3	2	1				491	443	48	690	490	200	1433	950	483
1995	3	2	1				615	479	136	811	490	321	1658	992	666
1996	3	2	1				645	308	337	628	414	214	1230	727	503
1997	3	2	1				290	155	135	539	323	216	1313	737	576
1998	4	2	2	32	22	10	486	336	150	549	449	100	1349	824	525
1999	3	3		12	12		485	275	210	193	193		1231	1231	
2000	3	3		36	36		554	554		849	849		1706	1706	

（四）阶段发展特征

这一阶段的乡村职业教育发展中,其专业设置与乡村社会发展紧密结合,紧紧围绕农业的发展、剩余劳动力转移和乡镇企业发展需要培养人才,如农业、林业、园艺、畜牧兽医、幼师、财会、农机、养殖、水产、电机维修、建筑装潢、文艺等等 这样既满足了乡村社会发展的人才需求,也使得职业教育的受教育者个本得到了较好的发展,实现学有所成、学有所用。同时,统筹发展学校职业教育和职业培训,其中学校职业教育主要是学历教育,是乡村职业教育的主阵地。这一时期兴国县乡村学校职业教育实现了办学主体的多元化 县中等职业学校、专业职业学校等公立的职业学校是乡村职业教育的主要平台,民办的各类职业学校与乡村市场积极对接,融入乡村社会发展中,有其自身的优势,发挥了重要的作用。而职业培训是乡村职业教育最为重要的一种形式。这一阶段兴国县的职业培训凸显出灵活性、实用性、精准性等特点,符合兴国县乡村社会发展的实际需要。此外,在普通中学中设立职业班的做法亦有现代价值,不仅可以有效地实现职普融合,而且是开展职业启蒙教育和劳动教育的具体措施,值得我们当下探讨职业启蒙教育和劳动教育时去回顾反思和借鉴。

三、新世纪以来的多元发展（2000—2011）

进入新世纪后,整个乡村社会发展发生了巨大的变革,乡村职业教育也在不断地调整发展方向以适应乡村社会的需求。2000 年后,乡村社会集聚的大量剩余劳动力需要转移,乡村职业教育承担着剩余劳动力转移培训的重任。2002 年的《国务院关于大力推进职业教育改革与发展的决定》①对此作出了具体的部署:一是要求根据现代农业发展和经济结构调

---

① 《国务院关于大力推进职业教育改革与发展的决定》,《中华人民共和国国务院公报》,2002年第 29 期。

整的需要,推进农科教结合和基础教育、职业教育、成人教育的"三教统筹";二是建立县、乡、村三级实用型、开放型的农民文化科技教育培训体系;三是将职业学校和成人学校办成人力资源开发、技术培训与推广、劳动力转移培训和扶贫开发服务的基地。针对农村剩余劳动力转移就业问题,2004 年教育部颁布了《农村劳动力转移培训计划》①,对具体的职业培训作出部署。2005 年的《国务院关于大力发展职业教育的决定》提出建立和完善职业教育和培训网络,明确要求"每个县(市、区)都要重点办好一所起骨干示范作用的职教中心(中等职业学校)。国家要重点扶持建设 1000 个县级职教中心"②。这一时期国家相关的乡村职业教育政策重点是引导乡村职业教育开展剩余劳动力转移培训。2006 年中央首次提出了建设社会主义新农村建设,这一阶段国家进入了以城带乡的新的发展阶段,中国乡村社会迎来了前所未有的大发展时期。为适应不断变化发展的乡村社会需要,国家不断调整相关职业教育政策以引导乡村职业教育的发展。而这一阶段,兴国县乡村社会面临着转移剩余劳动力、解决返乡农民工就业、培育新型职业农民、发展现代农业、建设美丽乡村等众多任务,为服务乡村社会的发展,兴国县大力发展职业培训、调整学历职业教育的专业设置、完善乡村职业教育体系等,乡村职业教育走上了多元化发展的新征程。

(一)劳动力转移培训与返乡农民培训

兴国县人多地少,进入新世纪以来,随着农业生产技术的提高,农业生产率大幅度提高,由此产生了大量的剩余劳动力,这一群体急需通过职业技术培训转移;与此同时,在东部产业转型的背景下,兴国县承接东部产业梯度转移,大力发展县级工业园区建设需要大量的技术人才,亦需发

---

① 戈壁:《教育部印发〈农村劳动力转移培训计划〉》,《中国职业技术教育》2004 年第 18 期。
② 《国务院关于大力发展职业教育的决定》,《中国职业技术教育》2005 年第 33 期。

展职业教育与培训。这一时期的乡村职业教育发展主要以服务于承接产业转移和职业教育受教育者外出就业为目标,在学历教育方面,主要开设电子、服装纺织等专业,毕业生主要到珠三角等沿海地区就业为主;职业培训方面,先后设立了县人力资源培训基地、富余劳动力转移培训基地、农民知识化公民职业化培训基地等,开展了一系列的职业技能培训,并积极为县级工业园区企业开展职业培训,如兴国县日升科技工程职业技术学校为兴国县工业园相关企业培训各类技术人才数千人次。

2008 年金融危机后,大量的外出务工农民工返乡,根据相关部门统计,自 2009 年起,江西外出务工人员连续出现了 8 年的回流趋势,出现了"返乡潮",大量外出务工群体返回老家寻找就业机会。兴国县也掀起了一股外出务工人员的"返乡潮"。针对此情况,兴国县以县职业技术学校等为主体,整合农业实用技术培训和职业技能培训资源,以开展返乡农民工职业培训为突破口,推动返乡农民工的再就业。一是农业实用技术培训。根据兴国县农业产业化发展需要,重点开展特色农业实用技术的培训,如油茶、果业、烟叶等,并发挥基层技术能手的作用,将培训开在田间地头。二是职业技能培训。主要根据兴国县县域经济发展的用工需求,以"订单培训""定点培训"等方式,开展电子、服装、模具设计等职业技能培训。

(二)建立和完善职业教育与培训体系

一方面,兴国县以兴国县中等职业学校为主体,形成了普通中专、短期培训、科技推广相结合的办学体系,该县唯一的一所中等职业学校先后被评为省重点职业学校和国家级重点中等职业学校,为乡村社会发展培养了大批专业技术人才。另一方面,兴国县通过整合涉农培训的各类资源,不断健全培训体系,成立了农民培训学院,该院本部以农业实用技术培训为主,同时在县工业园区设立了以职业技能培训为主的分院;在文体中心设立了以农民综合素质培训为主的分院;在乡镇设立了以农民知识化培训为主的乡镇培训分院;利用广播电视网络设立了以广播电视远程教育、兴国县农民移动平台为主的广播电视网络分院。

(三)开展农业科技推广和人才培养

兴国县依托县职业中等专业学校,于 2009 年创建了全国首个直接服务于"三农"的生态科技创新服务平台——兴国县生态新农村科技创新示范中心。它集人才培训、技术推广、信息咨询和资金运作于一体,是市场经济条件下促进现代生态农村科技成果转化的平台,成为该县实施全国科技富民强县、长江中下游地区新农建设关键技术集成与示范、全国新农村建设科技示范乡镇(试点)项目,为乡村建设提供了人才支持和技术支撑。该中心充分发挥科技的支撑和引领作用,实现科技进步和生产发展的紧密结合,促进生产发展,为兴国县现代农业发展和乡村社会建设提供强大的发展推动力。

四、新时代的整合创新发展（2012 年以来）

进入新时代,中央先后作出了实施精准扶贫战略和乡村振兴战略的决策部署,乡村职业教育肩负起助力脱贫攻坚和服务乡村振兴的新使命。2014 年,《国务院关于加快发展现代职业教育的决定》再次强调了加大农村和贫困地区职业教育支持力度,并提出建立公益性农民培养培训制度,大力培养新型职业农民等具体内容。[①] 2016 年,教育部等六部门印发《教育脱贫攻坚"十三五"规划》,提出"实施中等职业教育协作计划和技能脱贫千校行动,支持建档立卡等贫困家庭初中毕业生到省(区、市)外经济较发达地区接受中等职业教育"[②]。再到 2018 年,《中共中央国务院关

① 《国务院关于加快发展现代职业教育的决定》,《职业技术教育》2014 年第 18 期。
② 本刊编辑部:《教育脱贫攻坚"十三五"规划》,《职业技术教育》2017 年第 3 期。

于实施乡村振兴战略的意见》重新定位了"农村职业教育"，明确要"健全覆盖城乡的公共就业服务体系，大规模开展职业技能培训，促进农民工多渠道转移就业，提高就业质量"等等。① 在这一大背景下，围绕精准扶贫和乡村振兴，兴国县的乡村职业教育初步形成了学历教育与职业技能培训并举、全日制与非全日制并重的办学模式；以县职业中等专业学校为县级中心校，以乡镇成人文化学校为基础，以村级成人文化学校为教学点的乡村职业教育网络。

（一）学历职业教育

职业学校的学历职业教育是兴国县乡村职业教育的主要形式，县域范围内的职业学校是乡村职业教育发展的主要平台机构。经过职业教育资源整合，目前该县现有职业学校 2 所，其中兴国县职业中等专业学校是唯一的一所公办职业中等专业学校，被评为江西省重点职业高中（2005年）、国家级重点中等专业学校（2010 年）、全国第三批"国家中等职业教育改革发展示范学校"（2016 年）等。其中，特别值得说明的是该校办学地点位于乡镇，而不在县城，相比于当下大多数县域范围内的职业学校纷纷搬入县城办学的情况，该校留守乡村、服务乡村、发展乡村，可谓初心不改。

根据该县国家级职业教育与成人教育示范县申报材料显示，全县审批兴建的民办职业教育机构 4 所，其中目前仍在招生的有兴旺职业技术学校。民办教育机构教职工达 134 人，固定资产 690 万元，校舍面积25000 平方米。总体看来，民办职业学校为创特色、创品牌、增强竞争能力，比较重视基础设施建设，不断改善办学条件，管理水平也逐步提高，能够依法办学，注重社会效益，社会声誉日渐提高。在专业设置方面，兴国县职业学校开设了乡村经济社会发展急需的部分专业，如农业机械使用

---

① 《中共中央国务院关于实施乡村振兴战略的意见》，《人民日报》2018 年 2 月 5 日第 1 版。

与维护、畜牧兽医、旅游服务与管理、数控技术与应用、汽车应用与维修、学前教育等,并建立了相应的实训基地,如汽车应用与维修实训基地、农业机械使用与维护实训基地、畜牧兽医实训基地等等,为乡村社会发展培养了大量专业技术人才。同时根据乡村社会发展的需要,职业学校调整专业设置,如依托兴国县电商产业孵化园新开设电商专业,为社会培养了一大批电商人才,拓宽了农副产品的销售渠道。

(二)职业培训

在职业培训方面,兴国县进行了一系列探索,主要体现在以下几个方面:一是涉农培训积极创新,服务乡村产业发展。兴国县根据县域经济社会发展的实际情况,积极统筹县农业局、妇联、人社局、扶贫办、总工会、民政局、工业园管委会等部门,利用乡村职业教育培训网络,开展各类实用技术培训[如新型职业农民培训、家政培训(兴国县表嫂)、电商培训、农业机械使用与维护培训、就业创业培训、初中辍学生职业规划培训、贫困村创业致富带头人培训等等]。2014年至2017年各部门累计培训38600人次,其中技能培训2014年共培训14期,培训2350人;2015年共培训19期,培训2578人;2016年共培训26期,培训3625人。2017年就业创业培训3536人。通过各类培训,推广了农业科技成果100余项,培训新型职业农民2000余人,实现劳动转移就业12898人,为县域经济发展提供了坚实的人才支撑。同时,深入推进职业技能提升行动,先后认定了一批专门的培训机构,主要培训项目涉及乡村社会发展的各个领域,为乡村社会居民提供了多元化的培训(表3-3)。

表 3-3　兴国县职业技能提升行动部分培训机构及培训项目

序号	机构名称	主要培训项目
1	兴国县就业训练中心	创业培训、职业技能培训、计算机培训
2	兴国县中等专业学校	家政服务、电工、焊工、建筑施工、汽车维修、畜牧兽医、中西式烹饪等
3	兴国县职业培训学校	创业培训、直播电商培训、客家月嫂、企业培训、计算机（办公文秘、平面设计）、育婴员、小儿推拿、农业与旅游、人力资源、茶艺、服装设计与制作、电子电工等
4	兴国县新华学校	计算机应用、会计培训、创业培训、家政服务培训
5	兴国县将军表嫂职业技能培训学校	养老护理、医疗护理、家政服务

二是打造培训品牌,注重职业培训的质量和品牌效应。兴国县先后着力打造了"兴国县表嫂""兴国县工匠""兴国县能人"等职业培训品牌项目。尤其是"兴国县表嫂"家政服务培训项目取得了较好的培训效果和品牌效应,客家妇女具有吃苦耐劳、勤劳朴实、精益求精的品质。"兴国县表嫂"家政服务培训项目将地域文化和客家精神植入培训之中,不仅仅包括技能的培训,更具有职业精神的涵养。

我县的培训项目从 2013 年开始举办,培训班实行"三免费"培训,即对学员免餐费、免住宿费、免培训费。培训对象主要是想从事家政服务工作的或者已经在相关家政服务机构工作了,但未受过家政服务员技能培训的妇女劳动者以及家政服务管理者,年龄一般 16岁以上 50 岁以下的。培训的主要内容有:孕期营养、孕末期保健和护理、新生儿护理、产褥期常见病和护理、新生儿沐浴、新生儿接触、家电使用常识、衣物洗涤与收藏以及相关政策、法律等。培训采用理论与实践相结合的方法,理论课占总课时的 60%,实操课占总课时的40%。培训的师资主要聘请县市主要医院的妇产、孕婴等方面的专家。此外,还积极引进深圳金阳光家政、上海爱君家政等产业化、规模化、标准化的家政服务企业接收就业,形成了信息传递、职业介绍、技能培训、政策指导、法律援助等一条龙教学服务体系。(ZM,职校领导)

三是创新培训方式,开展量贩式培训服务,实行多种培训方式(表3-4)。针对农民急学急用、现学现用的需求,在常规培训的基础上,创建了远程教育平台、手机终端、微信平台,让广大学员随时随地可以查阅各种技术资料,聆听专家讲课。

表3-4　学历教育开设专业与职业培训项目一览表

主要形式	专业与培训项目
学历教育	计算机应用、机电设备安装与维修、数控技术应用、美容美体、电子技术应用、汽车运用与维修、旅游服务与管理、机电技术应用、播音与节目主持、电子商务等专业
职业培训	新型职业农民培训、家政培训(兴国县表嫂)、电商培训、农业机械使用与维护培训、就业创业培训、初中辍学生职业规划培训、贫困村创业致富带头人培训

(三)阶段特征

在新时代的背景下,兴国县积极推动乡村职业教育服务于乡村振兴发展的需要,改革办学模式,形成政府主导、多元参与的乡村职业教育办学主体结构;扩展办学功能与培养能力,促进乡村职业教育融合发展,乡村职业教育进入整合创新发展的新阶段,尤其是在乡村职业教育服务精准扶贫脱贫方面进行了探索实践。

发展乡村职业教育是乡村经济增长的主要因素,乡村职业教育成为发展贫困地区经济,促进贫困地区脱贫减贫的重要抓手,在促进乡村脱贫中具有不可替代的作用。兴国县曾是国家级贫困县,近年来,积极发展职业教育,通过发展职业教育来增强贫困群体的致富本领,让贫困户掌握一技之长,提升自我发展能力,拓宽就业创业增收渠道,进一步激发内生动力,实现有尊严、可持续脱贫。

如兴国县职业中等专业学校落实农村贫困家庭子女职业学历教育财政补贴政策,根据扶贫对象子女中考成绩和意愿,有针对性地帮助贫困生选择适用易就业的专业完成职业教育,采取"校企联动、订单培训、对接就业、直接转移"的模式开展教育扶贫,坚持全方位构建就业网络,先后与 63 家企业签订就业协议,成为人才输送基地,保证毕业生的"出口"顺畅,毕业就业率达 100%,对口率达 95%,稳固率达 89%,实现就业脱贫。

同时,兴国县实行的"古中医健康调理师精准扶贫就业培训计划",成为增强贫困户"自身造血功能"的有力举措。该计划由兴国县炁脉健康职业培训学校负责,通过组织开展职业技能培训,实施就业扶贫,让贫困家庭成员掌握一技之长,目前为止共招收贫困家庭学生 98 名,其中 12 名已经完成学业。

在产业扶贫过程中,为增强被帮扶贫困户的自我"造血"功能,兴国县加大对贫困人口就业创业职业培训,如近年来,兴国县在大众创业万众创新的背景下,开展农村电商培训,取得了明显效果,仅 2016 年,全县实现电商创业培训的人员超过 2000 人,电商创业培训人员 8000 人。每个开店人员月收入达到 3000 元,一年下来兴国县农业特色产品销售额超过 3 亿元。

第三节　乡村社会与乡村职业教育发展的内在逻辑及启示

新中国成立 70 多年以来,兴国县乡村社会的发展伴随着国家现代化的进程取得了巨大的进步,随着不同时期乡村社会、经济、文化等的发展变迁,兴国县乡村职业教育在办学形式、办学模式、办学内容等方面不断地探索实践。从乡村社会变迁与乡村职业教育的发展中可以看出存在以下内在逻辑并获得相应的启示。

一、基本目标:服务乡村社会发展和居民个体发展

乡村职业教育与乡村社会紧密联系,是扎根于乡土的教育类型,对乡村的产业发展、礼俗文化传承以及乡村民众的生产生活等产生重要的影响。纵观乡村社会变迁下的乡村职业教育发展历程,其一直坚持以服务乡村社会发展和居民个体发展为基本目标。中国的改革是从农村开始的,农民是"传统计划经济体制的真正突破者,是农村经济体制的率先改革者,是市场经济的最早实践者和推动者"[1]。改革使农民摆脱了人民公社制度的强力控制,开始以独立的商品生产者的身份参与市场竞争,也可以在自主流动中选择职业。乡村居民在改革中求得生存与发展,开始对建设美好生活充满信心。乡村职业教育必然要服务于乡村居民追求这种美好生活,同时乡村职业教育的发展本身就是乡村居民美好生活的组成部分。

在兴国县乡村职业教育发展变迁历程中,价值取向由工具价值取向向人本价值取向不断转变,其中工具价值取向主要从乡村社会发展需要出发,而人本价值取向关注受教育者个体发展的需要。工具价值取向在新中国成立初期的乡村职业教育发展中曾长期占据主导地位,主要基于当时乡村社会发展的现实需要。改革开放以来,乡村职业教育在以国家需要为主导的同时也不断兼顾人本思想,并且在不断融合中越来越趋向于以人为本,注重人之为人所拥有的基本权利和选择。而随着乡村经济社会的发展,乡村职业教育的逻辑起点和归宿,应该是农业、农村和农民,

---

[1]　陆学艺主编:《当代中国社会阶层研究报告》,社会科学文献出版社 2002 年版,第 22 页。

全面为"三农"服务是它的本质追求和终极目标,故其价值取向应该朝向多元,着眼于乡村居民个体和整个乡村社会的可持续发展。

二、根本动力:适应乡村社会发展的职业教育需求

乡村社会经济发展的职业教育需求是乡村职业教育发展的根本动力。从新中国成立以来兴国县乡村职业教育发展的历程来看,每一个阶段的乡村职业教育发展都是受到了当时乡村经济社会发展的职业教育需求的推动。

新中国成立初期乡村农业的发展推动了乡村农业职业教育的发展;改革开放和社会主义现代化建设新时期的乡村社会全面改革,为职业教育发展注入动力和活力,乡村职业教育走向了服务于农村经济全面发展的道路,尤其是进入新世纪,随着社会主义市场经济体制的完善,城市化、工业化的进一步发展深刻影响着乡村社会的变革,如产业结构的调整、劳动力市场供求关系的变化等等,这些又影响着乡村职业教育的专业设置、课程等等。这一时期,兴国县中等专业学校的办学规模得到了长足发展,民办职业教育也呈风发泉涌之势,乡村职业教育走向了服务于劳动力转移培训和服务于新型农民培养之路;而新时代的新要求下,乡村职业教育走向了全面服务乡村振兴发展的道路。

从乡村社会变迁对乡村职业教育的影响来看,乡村社会发展与乡村职业教育发展是互相影响的。而不同乡村地区的经济发展、文化传统、区域地理环境等差异较大,乡村职业教育的发展应因地制宜,充分考虑乡村发展的实际需要,亦即乡村职业教育的发展应适应乡村社会发展的需求,换言之,乡村社会发展的职业教育需求是乡村职业教育发展的根本动力。

三、推动力量:国家职业教育政策制度

新中国成立以来,随着我国乡村社会的不断发展,国家职业教育政策

定位也不断的调整，乡村职业教育发展受国家职业教育政策影响明显，国家职业教育政策成为乡村职业教育发展的重要推动力量。

新中国成立初期，随着土地改革的推进，广大农民有了自己的土地，实现了"耕者有其田"的愿望，农民的生产积极性得到了极大的提高，但是也面临着恢复和提高农业生产力的艰巨任务。为此，国家职业教育政策重点是推动农业职业教育的发展，引导乡村职业教育为农业、农村发展服务，农业中学的迅猛发展培养了大量的初级农业技术人才。

改革开放之初，随着农村经济体制改革的推进，尤其是家庭联产承包责任制实行后，农村土地所有权与经营权分离，极大地解放和发展了生产力，促进了农业的高速增长，同时也推动了市场化农业的建立和农村非农产业的发展。

随着工业化、城市化发展战略的实施，中国改革的重心开始由农村向城市和整个经济领域转移，"在逐利本性的驱动下，资本越来越向城市中富集起来"①，乡村对城市的依附性不断增强。根植于改革开放这一深刻历史背景之中的乡村职业教育政策始终紧跟历史步伐，适时调整政策方向与重点，服务于市场经济发展的需要、剩余劳动力转移的需要等等，引领着乡村职业教育不断向前发展。

进入新世纪后，国家对"三农"问题高度重视，为推进农村现代化建设，国家制定了一系列切实有效的政策举措，一系列惠农政策接连出台，尤其是 2005 年作出了"建设社会主义新农村"的重大决定、2006 年全面取消农业税等在实践和价值层面上推动着中国农村社会的现代化发展。而这些都充分凸显了乡土社会现代变迁的实践进步意义，中国农村建设在现代化的进程中不断推进。乡村职业教育政策在关注社会需要的同时开始关注个体自我实现需要，引导乡村职业教育服务于乡村社会发展和

---

① 葛新斌：《农村教育：现代化的弃儿及其前景》，《教育理论与实践》2003 年第 23 期。

乡村个体的生计发展等。

本章小结

纵观 70 多年以来兴国县乡村社会的变迁和乡村职业教育的发展,乡村职业教育与乡村社会发展是紧密联系的,其发展亦经历了一个延续与嬗变的历程。乡村职业教育始终与不同历史时期乡村社会的政治、经济、文化建设有着密切关系,反映了一定时期内乡村经济社会的发展需求。在不同的发展时期,乡村职业教育的发展定位是不同的,有其发展的内在逻辑。教育是社会的一个子系统,乡村职业教育的发展是乡村社会变迁的一个方面,乡村社会的变迁深刻影响着乡村职业教育的发展,乡村职业教育制度的变革、教育目标和教育观念的变化、教育功能的转变等等都是乡村社变迁的结果。乡村职业教育的发展一方面受到乡村社会政治经济制度、经济发展水平、文化和人口等的影响和制约,另一方面乡村职业教育也反作用于乡村社会。作为乡村社会的子系统,乡村职业教育承担着为乡村社会培养人的功能,并通过育人功能进而实现其社会功能,保障乡村社会的延续与发展。

▶▶第四章　疏离与脱嵌：乡村职业教育发展的多维困境透视

早在 1926 年,陶行知在《中国乡村教育之根本改造》的演讲中指出:"中国乡村教育走错了路! 它教人离开乡下向城里跑。"①时隔近百年,中国乡村社会经济有了长足的发展,但是当下中国的乡村教育,尤其是乡村职业教育所走之路依旧是"教人离开乡下向城里跑",乡村职业教育与受教育主体疏离、与乡村场域脱嵌,很大程度上仍是"离土离乡"的教育。乡村职业教育发展的现实状况引起了整个社会的忧思。解析乡村职业教育发展的多维困境,是探讨乡村职业教育发展的现实起点。基于此,为全面掌握兴国县乡村职业教育发展的基本情况,笔者自 2015 年至 2017 年全程参与兴国县国家级农村职业教育与成人教育示范县的申报、创建、省级评审验收工作,全面系统地调研了各县的乡村职业教育发展基本情况。② 同

---

① 陶行知:《中国教育改造》,商务印书馆 2015 年版,第 81 页。

② 本研究主要的研究资料有:1. 该县根据《农村职业教育和成人教育示范县评审标准(试行)》(共设一级指标 5 个,二级指标 14 个,三级指标 46 个)提供的所有材料。2. 该县国家级农村职业教育和成人教育示范县创建申报书、创建工作总结、自评报告等。3. 主要方式是听取县政府工作汇报,专家分工查阅档案资料,实地考察。

时,笔者于 2016 年 8 月、2017 年 4 月、2018 年 8 月、2019 年 1 月先后四次深入兴国县开展乡村职业教育发展的田野调查,从乡村居民个体和乡村社会两个方面出发,从乡村职业教育的主体性和场域性两个角度切入,立体观察剖析乡村职业教育的发展的多维困境,深度透视其深层原因。

第一节 乡村职业教育发展的主体性与场域性

"教育这回事情,恰好关系两面:一面是个人;一面是社会。"①乡村职业教育是乡村社会的重要组成部分,发展乡村职业教育是实现乡村社会现代化的重要途径,它事关乡村居民个体和乡村社会的发展,所以探讨乡村职业教育的发展应充分考虑作为受教育主体的乡村居民以及其所依赖和生存的乡村场域;同样,对乡村职业教育发展的现实困境的剖析也应从这两个角度切入,即探讨分析乡村职业教育发展的人的主体性和乡村的场域性是探析乡村职业教育发展困境的前提基础。

一、乡村职业教育发展的主体性

乡村职业教育作为教育的一种类型,具有教育的本质属性。这就要求乡村职业教育以培养人内在各层次发展需要得以实现的能力和个体对于社会发展的价值贡献能力为根本性任务。通过促使个体自我内在发展的意识和实现能力的培养,从而实现主体发展性的唤醒与活力保持是职业教育以人为本的应有之义。②在乡村职业教育人才培养实践中,不仅需要关注职业教育所处时代环境所呈现的发展需求,更需要关注乡村居民个体的主体性发展的需求,从而避免因为发展理念中的价值指向的偏颇

---

① 《梁漱溟全集》第五卷,山东人民出版社 1992 年版,第 597 页。
② 陈鹏:《澄明与借镜:美国职业教育人本主义意蕴及启示》,《职教论坛》2012 年第 28 期。

而导致自身本质属性的异化。

　　乡村职业教育参与主体包括举办主体、办学主体和受教育主体等。其中举办主体和办学主体涉及县一级党委和政府相关部门、各类职业教育机构、农业经营组织和农村社会组织等。兴国县乡村职业教育的主体，从办学层面看，一是县级党委和政府等举办主体，二是一所公办的中等职业学校和一所民办的职业技术学校，三是各类培训机构；从受教育主体来看，包括接受中等职业教育的适龄学生和接受职业培训的乡村不同的群体，还有传承乡村传统手工技艺的手艺人等。

　　乡村职业教育发展的主体性表现最为重要的就是乡村居民能参与到乡村职业教育发展过程中。无论是乡村职业教育的发展还是乡村社会的发展，都需要实行参与式的发展，参与式发展被广泛地理解为在影响人民生活状况的发展过程或是发展计划项目中的有关决策过程中发展主体全面介入的一种发展方式。① 晏阳初先生曾指出任何社会革新计划都应有当地人（即目标人群）积极参与，否则很难成功，其在 20 世纪开展的定县实验中，就特别重视农民的主动参与；梁漱溟领导的山东邹平乡村建设运动实验中，其"乡农学校"的组织结构就充分体现了参与式发展的理论。

　　在乡村振兴中，乡村居民是乡村职业教育的受教育主体，乡村职业教育是乡村居民个体实现自身能力发展、体面工作和幸福生活的重要支撑，在乡村职业教育发展过程中应关注个体主体性发展诉求的表达、主体性地位的显现以及主体发展权利的实现，即应积极吸引乡村居民的参与，需要听取乡村居民到底需要怎样的职业教育、希望获得什么职业技能培训、他们希望建设怎样的乡村、希望怎么去建设乡村等等，从而促使乡村居民能在自身主体性发展的引领下，实现自身获得人生出彩的机会。

---

　　①　黄磊、胡彬：《参与式发展理论：一个文献综述》，《大众科技》2011 年第 11 期。

二、乡村职业教育发展的场域性

法国社会学家皮埃尔·布尔迪厄最早提出了场域性这个概念,他认为"一个场域可以被定义为在各种位置之间存在的客观关系的一个网络,或一个构型"①。布尔迪厄将社会这一空泛的概念分解为相对独立的场域,他认为每个场域都具有以下几个特征:第一,场域是多元社会关系的集合,是某领域中运行的多个组织或力量的集合;第二,场域的结构是由能动主体所占据的位置和关系模式决定的;第三,场域组织之间是一种动态的交互关系;第四,不同性质的场域有不同的运作逻辑。经济资本、文化资本、社会资本等都只有在场域中才能体现其价值。场域可以影响和形塑人们的惯习,人们的惯习也可以把场域建构成一个充满意义的世界。②

场域性概念被广泛运用于各类专业研究领域中。按照布尔迪厄理论,中国乡村社会就是一个场域的集合,在这个场域集合体中,既有乡民赖以生存和发展的自然场域,如地理环境、物候特征;也有乡民在生产和生活过程中形成的社会场域,如风俗习惯、族群心理等,它们共同构成了中国乡村社会特定的文化场域。中国乡土社会不仅是一个物理空间,更是一个有着历史维度,储纳着人文情怀、文化传统、社会记忆和群体意识的复杂场域,是"特定社会群体成员共享往事的过程和结果"③。

本研究中,兴国县的乡村场域主要体现为兴国县乡村社会、经济、历史、文化风俗等诸方面。概而言之,从乡村社会来看,兴国县是赣南山区

---

① [法]皮埃尔·布尔迪厄:《实践与反思》,李猛、李康译,中央编译出版社 1998 年版,第 134 页。

② [法]皮埃尔·布尔迪厄、华康德:《反思社会学导引》,李猛、李康译,商务印书馆 2015 年版,第 12 页。

③ Halbwachs, Maurice. (1952). *Les Cadres Sociaux de La Memoire*. Paris：Presses Universitaires de France.

县、欠发达县,地处丘陵地带,交通基础条件较差,工业基础薄弱,商业发展缓慢,整体发展长期滞后。从历史来看,兴国县建县于三国时期,至今已有近1800年的历史。兴国县是全国著名的苏区模范县,毛泽东、周恩来、朱德、陈毅等老一辈无产阶级革命家都曾在这里工作和战斗过。毛泽东同志曾称赞兴国县人民创造了"第一等工作";从乡村经济发展来看,兴国县是个农业大县,一直以来都是重要的农耕文明区域。近代以来,随着自然经济的逐步解体,兴国县经济陷入低谷。直到改革开放后,乡镇企业逐步发展,县域经济开始恢复起来,尤其是进入新世纪以来,随着工业园区的建立,兴国县承接东部产业梯度转移,积极发展电子、服装等现代工业。从文化风俗方面,兴国县是客家大县,客家文化风俗盛行,客家人重文崇教,客家传统文化技艺众多,以此为基础的手工业非常发达。这一乡村场域是兴国县乡村职业教育赖以生存和发展的物理空间。

　　综上,从乡村职业教育的场域看,乡村职业教育应是办在乡村大地的教育。学校与乡村有着天然的联系,共同遵循着熟人社会的运作逻辑,乡村职业教育与乡土社会相互滋养,既是乡村社会的文化技术中心,也是乡村社会特有的文化景观。乡村职业教育的参与者深受乡村文化的影响,对于乡村文化具有与生俱来认同感、皈依感和传承使命感。乡村职业教育有其不可替代的场域性所体现出来的地方性,因此必须将乡村职业教育的发展融入乡村社会发展之中,嵌入所处的乡村生活场域,如此,我们对乡村职业教育的认识才不会偏颇。

第二节　乡村职业教育发展的主体疏离与场域脱嵌

　　黄炎培先生从人与社会两个维度来分析职业教育的目标:"一方为

人计,曰以供青年谋生之所急也。一方又为事计,曰以供社会分业之所需也。"①长期以来,乡村职业教育在国家统一的教育制度及教育指标的指引下,陷入了与乡村本土社会不相融的"悬浮态势",即乡村职业教育的主体疏离与场域脱嵌。一方面,乡村居民是乡村职业教育的受教育主体,并未真正地参与到乡村职业教育的发展中,存在主体疏离的问题;另一方面,乡村职业教育的发展很大程度上与乡村社会"脱嵌",偏离了服务于乡村社会发展的轨道,存在场域脱嵌问题。

一、乡村职业教育发展的主体疏离

梁漱溟曾言:"除了乡下人起来自救之外,谁也救不了乡村。"②2018年《中共中央国务院关于实施乡村振兴战略的意见》指出:"坚持农民主体地位。充分尊重农民意愿,切实发挥农民在乡村振兴中的主体作用,调动亿万农民的积极性、主动性、创造性。"③"人"与"主体"并非相同的概念,前者体现于人的存在方面,后者则体现于人的活动方面,即人在自己活动中拥有主体地位,并主宰自己的活动。④ 人的主体地位的实现有赖于主体性的发扬,但也会囿于受动性的限制。受动性是人作为主体的另一基本属性,它既表现为人对客体对象的依赖性,又表现为客体对象对人的制约性。⑤ 当受动性占据主体时,农民则表现出较强的依附性与保守性意识,以及淡薄的权利意识与社会责任感。在传统社会中,农民依附于宗族与强权,个体的主体意志较为微弱,因而个体总是处于"被代表"的

① 黄炎培:《中华职业教育社宣言》,载陈学恂主编《中国近代教育文选》,人民教育出版社1983年版,第387页。
② 《梁漱溟全集》第一卷,山东人民出版社2005年版,第616页。
③ 中共中央党史和文献研究院编:《十九大以来重要文献选编》(上),中央文献出版社2019年版,第160页。
④ 高清海:《主体呼唤的历史根据和时代内涵》,《中国社会科学》1994年第4期。
⑤ 魏小萍:《"主体性"涵义辨析》,《哲学研究》1998年第2期。

98

状态；而在现代社会中，农民则依附于金钱与物质，农民以能消费什么对社会关系进行界定与排序，乡村因而浸淫于一股消费主义文化中。凡此种种，我们认为农民主体性受到了遮蔽，这样的遮蔽使得农民在乡村建设中频频"缺席"，一方面农民忽视了自身作为公民所拥有的权利，另一方面也缺乏行使权利的意识与能力。

从乡村职业教育的供需双方，即举办者和受教育者两方面来看，地方政府是乡村职业教育的主要举办者，乡村职业教育的受教育对象主要是乡村居民，是乡村职业教育的主要需求方之一。而在城乡二元制度下，乡村职业教育发展的主导权实际上是被城市所掌握的，这种主导是一种"自上而下"的主导，地方政府往往是以一种"为民做主"的姿态来设计乡村职业教育的发展内容、发展模式等；站在城市发展的立场来规划乡村职业教育，将乡村职业学校变成向城市输送廉价劳动力的场所，既忽视了乡村社会发展的需要，也忽视了乡村不同群体的生计发展要求，"自下而上"的普通乡村居民的职业教育基本诉求没有得到应有的表达，主体性不充分的乡村职业教育发展必然导致事实与价值的偏离，以致乡村居民逐步疏离，"无法感知自己与现实的真切联系，无法将此刻同历史乃至未来相依存"[1]，背离了服务乡村社会和乡村居民的发展目标。

二、乡村职业教育发展的场域脱嵌

"乡村"作为一个特定的社会场域，有其特有的生态系统，它主要包括以乡土为根基的具有乡土气息的乡村社会生态、文化生态以及自然环境生态等。[2] 乡村职业教育的发展应嵌入乡村社会文化，融入乡村生态

---

① 陈旸：《詹姆逊关于后现代理论的探析及其意义》，《武汉大学学报（哲学社会科学版）》2004年第6期。

② 谢元海、同广芬：《乡村职业教育的应然价值取向：生计、生活与生态——以乡村振兴战略为视角》，《教育发展研究》2019年第1期。

系统之中,然而,当前的乡村职业教育发展与乡村社会发展"脱嵌"了,呈现出一种"逃离乡土"的姿态。如学者所言:"这样一种逃离不仅是一种现实中的行动,更是一种生命的姿态,即一种把自我存在之根从乡村社会拔离的姿态。"①

费孝通曾指出:"现代的教育,从乡土社会论,是悬空了的,不切实际的。乡间把子弟送了出来受教育,结果连人都收不回。不但大学是如此,就是中等教育也是如此。"②当下乡村职业教育传授的大多是代表现代工业文明的科技知识,很少涉及当地乡土知识,大部分县级中等职业学校并未对内容进行知识的"本土化"处理。教学内容呈现出抽象化、普适性的特征,忽视了我国乡村社会差异性大、特殊性强的特点,从而使得学生所学难以适应当地实际的生产情况。灌输的是脱离乡土社会的价值观念,可谓"不土";更为重要的是,课程内容的思想性中欠缺"乡土情怀",尤其随着城乡一体化进程的不断推进,大量所谓"先进"的现代文化挤压了乡土知识、地方文化的传承空间,以至于教育内容远离受教育者生活经验而无法激发人才的留乡意只。③ 以乡村传统的技艺、工艺等为代表的优秀传统文化没有整合融入乡村职业教育中,没有将地方特色融入,可谓"不特"。"不土不特"的乡村职业教育脱离了乡村社会发展的实际。

此外,作为乡村社会重要的公益性组织与潜在的社会治理主体,县域中等职业学校积极参与当地社会治理的意识较为薄弱。事实上,当前乡村人才流失的很大一部分原因就在于现代社会转型背景下,乡村人才对于乡村社会的主体性感知的缺失。这样一种主体性依靠于个体积极参与公共事务,而建构出对乡土社会的认同感与归属感。④ 乡村中等职业教

① 刘铁芳:《乡土的逃离与回归:乡村教育的人文重建》,福建教育出版社 2008 年版。
② 费孝通:《乡土中国》,上海人民出版社 2007 年版,第 300 页。
③ 辛丽春:《乡村教育现代化进程中的本土文化自觉》,《教育导刊》2012 年第 8 期。
④ 杨华:《陌生的熟人:理解 21 世纪乡土中国》,广西师范大学出版社 2021 年版,第 12—14 页。

育不仅为乡村社会的公共生活搭建了平台,更为提高乡村人口的文化素质、默化乡村人才的乡土情愫,从而积极参与公共生活创造了可能。而当下,乡村职业教育的办学站位仍未走出教育的视域,仍未上升至乡村社会全局,这就使得其办学始终难以嵌入乡村的社会生态之中。

第三节　乡村职业教育发展的多维困境

新时代,中国乡村社会迎来了一个新的发展时期,乡村社会的发展需要乡村职业教育提供强有力的人才支撑和智力支持,但是囿于各方面条件的限制,乡村职业教育的发展明显滞后于乡村社会的发展,乡村职业教育发展面临多维困境。根据参与兴国县国家级农村职业教育和成人教育示范县创建工作中获取的材料,如兴国县根据《农村职业教育和成人教育示范县评审标准(试行)》(共设一级指标 5 个,二级指标 14 个,三级指标 46 个)提供的相关支撑材料,兴国县国家级农村职业教育和成人教育示范县创建申报书、创建工作总结、自评报告等;同时结合参与兴国县国家级农村职业教育和成人教育示范县创建过程中的实地考察、访谈等获取的各类材料,通过定性分析为主,定量与定性相结合的方法,笔者从办学理念、办学条件、办学质量、办学体系四个维度,全面立体地分析呈现乡村职业发展的多维困境(如图 4-1)。

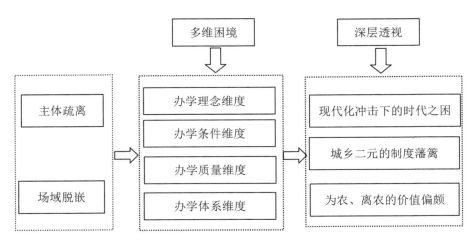

图 4-1　乡村职业教育发展的多维困境分析框架示意图

一、乡村职业教育办学理念维度

关于教育理念,有学者认为"在某种意义上说,教育理念是教育思想家乃至整个民族的教育价值取向的反映"[①]。亦有学者提出,教育理念是一种对教育认识、理想的教育观念体系,教育主体在教育实践、思维活动及文化积淀和交流中所形成的教育价值取向与追求。[②] 可见,教育理念就是教育主体对"教育应然"的理性认识和主观要求。而办学理念则是教育理念的下位概念,是指导思想层面的问题,是先导性的问题。先进的办学理念是学校生机和活力的关键所在,其回应的是学校教育教学过程中为什么、做什么、怎么做的基本问题。乡村职业教育的办学理念是发展乡村职业教育的思想指南,即对怎样发展乡村职业教育、发展怎样的乡村职业教育的深层次思考,这将深刻影响着乡村职业教育的发展。当前乡村职业教育理念受到多方因素的影响,呈现为"离乡化"的趋势。

---

① 朱永新:《中国古代教育理念之贡献与局限》,《教育研究》1998 年第 10 期。
② 韩延明:《理念、教育理念及大学理念探析》,《教育研究》2003 年第 9 期。

（一）乡村职业教育的不同主体层面

作为乡村职业教育的主要举办主体,地方政府往往停留在城市优先的治理思想上,将乡村职业教育作为城市发展的附庸,为城市化、工业化服务,而忽视或部分忽视乡村经济社会发展的职业教育需求和受教育个体的需求。比如县一级政府要求县域内的职业学校毕业生必须达到一定的留县就业率,解决县级工业园区企业用工问题。但是县级工业园区的企业大多是劳动密集型的企业,用工量大,而工资水平和工作环境一般,无法吸引学生留县就业,这就使得职业学校在办学过程中比较被动。事实上,乡村职业教育的发展应该是为解决县域经济发展的"技工荒"问题,而不是"用工荒问题",乡村职业教育的举办者应树立积极推动乡村职业教育高质量发展的理念,进而推动乡村产业升级、技术革新,实现乡村高质量可持续发展。

在学校层面,大多数乡村职业教育学校缺乏职业教育专家型的领导人才。作为乡村职业教育的办学者的校长们往往缺乏对职业教育类型属性的深刻认识,对乡村职业教育的功能、发展定位和发展方向亦缺乏清晰的认识,加之外在环境变化和压力,选择被动性迎合,进而加剧了农村职业教育办学理念的异化。不管乡村职业学校的校长还是老师,都持一种普教思维。

作为农村职业学校的老师,我们有一种无奈感和无力感。家长和学生有强烈的升学需求,我们不得不考虑学生的发展,开设高考班,围绕高考开课程;家长和学生希望能到沿海发达地区就业,哪些专业到沿海好就业我们就开设哪些专业,不然招不到生呀。乡村产业不发达,很难留住人,年轻人都想到大城市去,我们的办学不得不考虑这些因素。(XLJ,职校老师)

在受教育者层面,受到传统文化观念中"劳心者治人,劳力者治于人""学而优则仕"等的影响，乡村职业教育饱受歧视，乡村居民的就业观往往受到学历本位观念的影响，认为普通高中教育是"正规教育"，职业教育是落榜生教育，是"二流教育"。上职业学校的是成绩靠后升学无望的"没有出息"的学生的无奈选择。而乡村年轻一代的成长环境不同，他们对乡村、对农业的认同感、归属感十分低，有很大一部分人纵使升学无望，也很少选择农村职业教育。据统计，我国每年有 1000 万以上的农村中小学毕业生因为不能升入更高一级学校而选择外出务工或留家务农。① 所以在思想观念层面，乡村职业教育就处于一种"边缘化"的地位，不容易被乡村居民所接受。

很多家长认为考不上高中，不读大学，就不能考公务员，考事业单位，没有铁饭碗，读书就没什么意义了；加上中职学校在社会中有些负面的形象，如很多家长认为孩子在职校里越学越坏，打架、吸烟、酗酒、谈恋爱等等，读了几年还是出来打工，不如早点出来混社会，既能减轻负担，又能有收入。（SHY，职校老师）

（二）乡村职业教育的具体办学层面

职业教育作为一种类型教育，有其特殊性，区别于普通教育。但当前乡村职业教育，尤其是乡村学校职业教育的"普教化"趋势非常严重。办学理念的"离乡化"导致了乡村职业教育的办学目标和办学内容以及接受职业教育的乡村居民的"离土离乡"。

培养目标以升入上一级普通学校为主，教学内容也是围绕"升学"展开，家长和社会对职业学校的评价往往也是看重学校的升入率，尤其是升入普通高等学校。受应试教育和"学而优则仕"思想的影响，乡村学校中学生、家长、教师和社会过分关注如何升入重点学校或示范学校，乡村教

---

① 顾微微：《教育经济学视角下的农村职业教育困境与出路》，《河北师范大学学报（教育科学版）》2011 年第 3 期。

育中不论是教学内容抑或是教学评价都片面模仿城市教育，缺乏乡村特色。在"离土离乡"的理念主导下，乡村职业教育专业设置和课程内容大多以城市发展需要为依据，乡村职业学校没有根据乡村特色和乡村发展实际开设专业，乡村职业教育的教学内容脱离乡村发展实际，与乡村社会发展脱嵌。以兴国县某职业中等专业学校 2020 年的招生为例分析（图 4-2）。该校的中职招生有中高职对接类、校企合作类和普通中专类，三类合计招生 1210 人，其中以升学为目标的中高职对接类招生 460 人，占 38.3%，同时，该校 2020 年的质量年报显示，2019 年该校学生中升入高等教育比例为 51.44%。

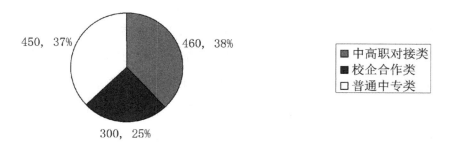

图 4-2　兴国县×职业中等专业学校 2020 年各类别招生人数与比例

乡村学历职业教育的升学热，一方面反映了受教育者个体的需要。乡村居民希望通过接受完中等职业教育后继续升学的愿望是非常强烈的。在当下的这个社会制度环境下，乡村的中等职业教育要有上升的空间，需要考虑的不仅仅是学生就业的问题，还要考虑学生的职业发展。中职毕业生除了就业难，其就业后发展空间有限，正因为如此，所以他们有强烈的升学意愿。另一方面就是中职学校的生存发展问题。中职学校面临较大的生源困境和发展障碍，唯有积极回应乡村居民的教育需求，实行分类招生，让学生有不同的发展道路，学校才能有发展。

二、乡村职业教育办学条件维度

乡村职业教育以培养各类技术技能人才为主,办学条件是乡村职业教育发展的有力支撑,其办学对于各类实习实训设备要求较高,充足、先进的实习实训设备是乡村职业教育发展的硬件条件。当前相关的职业教育政策往往是"扶强"政策,通过竞争将有限的职业教育资源配置到办学效益较好的地区和学校 提高资源利用效率,发挥优质职业教育的示范带动作用,而乡村的职业教育,尤其是贫困地区的职业教育发展往往被忽视了。从学历教育层面看 与普通教育相比,在县域教育体系中,乡村学校职业教育相对处于教育体制的边缘,学校乡村职教资源没有实现有效整合,资源分散流失问题严重。县域范围内职业中学被普通高中不断兼并。如江西省教育厅 2018 年教育统计数据显示,兴国县县域范围内有公立普通高中 5 所,而职业高中仅 1 所。纵使在职业教育体系内部,与高等职业教育、城市职业教育等相比,乡村职业教育也逐渐被孤立于边缘地位,未能得到该有的重视和发展的资源。"扶强"政策无形中剥夺了乡村职业教育发展的机会,使得乡村职业教育越来越"薄弱"。兴国县是革命老区、经济欠发达地区,其乡村职业教育的办学条件异常薄弱,这种"薄弱化"体现在办学的外部条件上:一是办学经费和硬件设施;二是乡村职业教育的师资。

(一)办学经费问题

乡村职业教育的发展对资金、设备的要求较高,相关的实习实训设备更新换代较快,实训基地的建设和设备投入成本较高,但是国家和地方财政性拨款有限,资金来源少,乡村职业教育的办学经费主要依赖于县级财政的投入。一方面,乡村职业教育缺乏多元且可持续的投入机制。如一些乡镇农校,在县级财力不足的情况下,一旦失去中央政府持续投入,乡镇农校的生存问题便堪忧。[①] 另一方面,乡村职业教育在整合利用地方社会办学资源的机制上缺乏创新性,使得办学资源依赖政府投入而略显单薄。

从江西全省来看,江西作为欠发达地区,大多数县的县级财政收入有限,对职业教育的投入严重不足。根据《关于 2019 年江西省教育经费执行情况统计公告》,2019 年江西省普通高中生均一般公共预算教育经费为 14852.74 元,较比上年增长 6.31%;全省中等职业学校为 14683.26 元,较比上年增长 2.13%,远低于普通高中水平。同时,根据《2019 年全国教育经费执行情况统计快报》,2019 年全国中等职业学校生均一般公共预算教育经费为 17282.42 元,较比上年增长 5.99%,江西中等职业学校生均一般公共预算教育经费又远远低于全国水平。而兴国县作为原中央苏区县、罗霄山脉区域,县级财政收入有限,对职业教育的投入不足,严重制约了乡村职业教育的发展水平。

(二)基础设施设备问题

办学经费紧张必然会引发一系列其他问题,诸如基础设施无法得到保障和实训设备紧缺等。基础设施是办学之根本,尽管国家出台了相关措施来加快发展乡村职业教育,安排专项资金支持各地的县级职教中心建设,对乡村职业教育的发展起到了一定的推动作用。但是乡村职业教育办学的基础设施非常薄弱,光靠县级财政是很难落实相关资金,需要国家财政投入的倾斜支持;实训设备方面,由于资金紧缺,现有的实训设备陈旧过时和严重缺少,根本无法满足教学的需要。

兴国县在这方面表现得尤为严重。根据兴国县国家级农村职业教育与成人教育示范县申报材料中的统计,从基础设施方面看,急需建设集学

---

① 郭欢、唐智彬:《乡村振兴背景下我国乡镇农校的发展定位与路径选择》,《中国职业技术教育》2020 年第 16 期。

员培训、住宿于一体的综合大楼等；目前兴国县各职业学校教室、寝室、食堂等基础设施都远远不能满足办学需要，全县职校生均校舍面积9.7平方米，离生均15平方米的标准仍有较大差距。兴国县职校每年在校生有4000余名学生，按照国家职业学校建设标准，学校实际只能容纳3000余名学生，因此剩余1000余名学生，只能通过赴企业实习进行分流，才能保证学校的正常运转。经费方面，各种农机器材、信息平台、住宿设备等，需投资1000万元以上；其他用于建设场地、添置设备及配套设施的资金需1600万元以上。实训设备方面，除数控、计算机专业实训设施较为完备外，其他专业实训设施严重匮乏，学生的动手操作学习受到严重制约。

（三）乡村职业教育师资问题

"兴学以求师为急务"，高素质的职教师资是乡村职业教育的办学保障。尤其是"双师型"教师队伍短缺使乡村职业教育育人成效大打折扣。乡村职业教育的师资问题集中体现在如下几个方面：

一是师资总量欠缺，结构不合理。近年来随着"职普比"大体相当的严格落实，乡村职业学校办学规模逐步扩大，但是教师的编制数还是基于多年前的办学规模来测算的，造成编制内的师资总量不够；同时，师资结构不合理，呈现为基础理论课教师偏多、专业课和实习指导老师较少。教育部县级职教中心改革发展课题组对广西壮族自治区10所县级职教中心进行的抽样调查结果显示，在1066名专任教师中，专业教师仅371人，只占专任教师的34.8%，严重低于50%的设置标准。[①]根据相关统计，兴国县全县"双师型"教师65人，只占教师总数的22.8%；专业教师技师25人、高级工25人，分别占专业教师的11%和11%。此外，现有的部分教师专事理论，多采用传统的"知识传授式"教学，对乡村职业教育的"乡土性""实践性"感受不深，而使得教学远离田间地头，呈现出"普教化"的

---

① 翟帆：《县级职教中心：携手爬坡，任重道远》，《中国教育报》2018年1月16日第7版。

趋势。

二是师资招聘难问题。如今，大多数乡村职业学校师资队伍的组成主要有以下几类：一是编制内的师资；二是自主聘请的师资；三是合作的企业派驻的实习教师。其中编制内的师资主要是文化课教师，专业课教师较少，每年政府给的招聘指标有限，而且很难招到专业课老师。年轻一代不再看重编制，更在乎自身的发展空间和工作自由度等，不愿意回到小县城教书；甚至有些考入编制内后也通过公务员招考等调到别的单位去；而学校自主招聘的教师流动性特别的大，由于收入有限，很多往往是作为一个跳板，一旦考上事业编制和公务员编制就会离开，即使有些自主招聘的老师非常优秀，但是逢进必考，很难留下来。而一些工匠人才、技术技能人才，由于学历等因素，也难以招聘进来。企业派驻的教师实践能力强，但是授课能力、管理学生的能力有限，且流动性大，学校对其管理方面存在很大挑战。

三是乡村职业培训的缺乏一支了解乡土乡情的教师队伍，真正的"土专家""田秀才"占比较少。所聘授课专家教学过程中难以将乡土乡情乡村特色融入其中，授课内容缺乏针对性、实用性，对农民吸引力不强。大多数教师对于乡村缺乏了解，在乡村职业培训中与乡村居民的沟通存在很多困难，在对地方性知识把握不足且缺乏实践经验的情况下，教师一般很难得到农民的信任，从而教学顺利开展比较困难。这反过来使得教师自身无法获得较高的自我效能感，而对自身的角色认同不断弱化，最终选择离开乡村[1]，导致乡村职业教育的质量没有保障。

我是 2016 年开始搞生猪养殖的，常常会碰到猪生病等各类问题，所以我经常参加县里组织的培训，学习一些养殖技术等。但是不管是省里来的还是市里来的专家，讲课都比较深奥，讲课老师说的专

---

[1]　范会敏：《乡村学校乡土文化教育融入与教育支持》，《当代教育论坛》2020 年第 1 期。

业术语听不懂。每次培训我都很珍惜，想向专家请教些问题，但是由于文化水平不高，我也表达不清楚我养殖过程中碰到的具体问题，比如猪生病的病状，用我们的土话知道怎么说，但是却不知道怎么用普通话跟专家说。其实在平时碰到这些问题时，我们也会打电话向县里的技术人员咨询 但是也一样比较难说清楚。

不过上次县里的养殖培训请的全是各乡镇的养殖大户和养殖能手来讲课，他们讲得就很有针对性，讲的我们都听得懂，而且跟他们交流咨询也没有障碍，直接讲土话就好了。另外，这些讲课的都是周边乡镇的，平常碰到一些具体的问题的时候，请他们直接来帮忙指导，骑个摩托车一二十分钟就到了，对我们帮助非常大，所以我觉得应该多些这样的"土专家"帮忙指导我们。（XLH，养殖户）

三、乡村职业教育办学质量维度

从乡村职业教育内部自身办学质量来讲，外部的办学条件与内部的办学质量互为影响，但受办学条件的影响，乡村职业教育服务乡村社会发展的能力薄弱，与乡村社会发展脱嵌。这种薄弱体现为两个方面：一是乡村职业教育的专业设置与乡村产业发展脱节，无法满足乡村社会发展的需求；二是乡村职业教育培养的学生本地就业率低，无法为乡村社会发展提供技术技能人才，服务当地经济社会发展的能力弱。

（一）专业设置与乡村产业不相匹配

乡村产业发展是乡村社会发展的关键，乡村职业教育发展的重要目标就在于为乡村产业发展的现代化转型培养所需人才，由此实现区域内人才链与产业链相适配。[1] 乡村职业教育要服务于乡村社会的发展，专

---

[1] 朱德全、徐小容：《职业教育与区域经济的联动逻辑和立体路径》，《教育研究》2014 年第 7 期。

业设置与教学内容应根据乡村经济社会发展的需求不断地进行调整，其专业设置应与乡村产业发展相匹配，而产业的转型升级，又必然倒逼人才结构的调整升级。①

从江西全省情况来看，通过对 2019 年江西省分行业类别从业人数与中职教育分专业大类培养人数进行比对（表4-2）发现，专业设置与乡村产业匹配上，江西省每三年经过中等职业教育（不含技工学校）系统培养的与乡村产业发展最为紧密的农、林、牧、渔类专业人才总量（6519 人）仅占从业人口（700.78 万）的 0.09%，远远低于其他行业，难以满足农业现代化发展。全省中等职业学校的专业设置与乡村产业结构的匹配程度有待进一步优化。

从兴国县的情况来看，由于办学条件较弱，乡村职业学校教育专业设置往往要考虑办学成本以及实习实训条件，故所开专业多为成本小、对实习实训要求不高的专业。目前该县中等职业学校开设的主要专业有学前教育、数控技术应用、电子技术应用、汽车运用与维修、建筑工程施工、计算机应用、会计电算化、服装设计与工艺、客户信息服务、服装制作与生产管理、旅游服务与管理、酒店服务与管理、美术绘画、农业机械使用与维护、畜牧兽医专业等，而具有本地特色的油茶开发、脐橙种植等领域的专业暂未开设。近年来，兴国县农业基础地位得到巩固提升，高标准建设了一批现代农业示范基地，需要一大批掌握新的种植方式、养殖技术、栽培方法和农业科技成果的新型职业农民，然而该县职业学校开设的专业中，仅有"农业机械使用与维护、畜牧兽医"两个专业与农业生产有关②，专业设置与农业发展的需求相距甚远，而且专业设置不能根据经济社会发展

---

① 徐小容、李炯光、苟淋：《产业振兴：职业教育与乡村产业的融合机理及旨归》，《民族教育研究》2020 年第 3 期。

② 谢元海、杨燕萍：《乡村振兴背景下的乡村职业教育发展路径研究——基于县域经济发展的职业教育需求分析》，《成人教育》2019 年第 10 期。

的需求进行动态调整。

表4-2 2019年江西省分行业类别从业人数与中职教育分专业大类培养人数比对表

社会职业行业类别	从业人数	中职教育专业大类	在校生数
农、林、牧、渔业	700.78万人	农林牧渔类	6519人
		资源环境类	641人
采矿业 制造业	577.33万人	加工制造类	33064人
		石油化工类	873人
		轻纺食品类	983人
电力、燃气及水的生产和供应业	17.33万人	能源与新能源类	63人
建筑业	272.68万人		
房地产业	39.90万人	土木水利类	8205人
水利环境和公共设施管理业	11.13万人		
交通运输、仓储和邮政业	105.97万人	交通运输类	39054人
信息传输、计算机服务和软件业	39.07万人	信息技术类	94142人
批发和零售业	406.27万人		
租赁和商业服务业	41.68万人	财经商贸类	40237人
金融业	21.56万人		
住宿和餐饮业	95.71万人	旅游服务类	13079人
教育	66.20万人	教育类	67265人
卫生和社会工作	39.69万人	医药卫生类	42958人
		文化艺术类	12035人
文化、体育和娱乐业	18.96万人	体育与健身类	2896人
		休闲保健类	1507人
公共管理、社会保障和社会组织	62.55万人	司法服务类	10152人
居民服务、修理和其他服务业	98.89万	公共管理与服务类	5478人

续表

社会职业行业类别	从业人数	中职教育专业大类	在校生数
		其他	1144 人
科学研究、技术服务和地质勘查业	16.25 万人		
合计	2631.95 万人	合计	380295 人

（注:技工学校、成人中等专业学校的数据未计算在内。数据来源:《江西统计年鉴2020》《2019 年江西省教育事业统计年鉴》）

目前乡村职业学校专业设置同质化现象严重。很多学校开设的都是一些所谓的热门专业和办学成本较低的专业,而一些与乡村产业经济联系紧密,乡村社会发展急需的专业却没有开设。不少学校发现哪所学校某个专业好招生,便一哄而上,争相开设相同专业,也不管师资和教学设施能否跟得上。专业雷同已经成为制约乡村职业教育高质量发展的一条枷锁。（LM,职教专家）

(二)服务乡村发展能力薄弱

乡村社会发展日新月异,市场需求千变万化,乡村职业教育仅根据师资和办校条件来设置专业、开设课程,其培养出来的学生素质能力与乡村社会发展的市场需求不匹配,不能符合产业发展的需求,适应市场需求能力较弱,从而出现乡村社会发展"用工荒"、职业学校毕业生"就业难"共存的现象。"劳心者"与"劳力者"分离使得职业教育未能达到"学必期于用,用必适于地"的目标,乡村职业学校学生毕业就等于失业的问题严峻。

通过对 2019 年江西省分行业类别从业人数与中职教育分专业大类培养人数进行比对(表 4-2)发现,一是中级技术技能人才总量上,江西省每三年经过中等职业教育(不含技工学校)系统培养的新增技术技能型人才总量(380295人)约占从业人口(2631.95万)的1.4%,显然,中等技术技能人才总量是严重不足的,这导致乡村劳动力技能结构重心整体偏低;二是中级技术技能人才结构上,相对于技术技能型人才总体上紧缺的情况,信息技术类专业人才每三年培养人数(94142人)超过从业人口(39.07万)的24.1%,这又导致中等技术技能型人才培养的结构性过剩。

此外,2019年江西省第一产业占比8.3%、第二产业占比44.2%、第三产业占比47.5%,其中第二、三产业体量大体相当。但2019年中职毕业生中,从事第一产业的毕业生人数为1839人,仅占直接就业人数的4.33%,从事第二产业的毕业生人数为7846人,占直接就业人数的18.50%;从事第三产业的毕业生人数为32709人,占直接就业人数的77.15%。[①] 显然,绝大多数中职毕业生流向了第三产业。这说明,中等职业教育的人才输出结构与产业结构也不匹配。这也从侧面反映出当前中职毕业生的对口就业率较低以及学校办学水平与质量有待提高等问题。

由于专业设置与县域产业脱节,培养出来的人才不能适应区域发展对人才的需求,导致毕业生无法在县域范围内找到专业对口的工作,本地就业率低,毕业生本地就业服务能力亦弱。世界银行教育专家福斯特说,如果一个来自农村的孩子其求学的目的是离开乡村的话,那么任何学校中的农业课程对于他来说都是毫无意义的。[②] 乡村职业教育在艰难的发展中,却难以培养出本地经济社会发展用得上、留得住的人才,由此导致乡村职业教育发展的恶性循环。

发达地区职业教育与区域产业发展联系紧密,企业参与职业教育,为职业教育的发展提供实训设备、实习机会;实训指导教师参与

---

① 江西省教育厅:《2020江西省中等职业教育年度质量报告》,江西省教育厅官网,2021年3月25日。

② 石伟平:《比较职业技术教育》,华东大学出版社2001年版。

具体的人才培养；而职业教育的发展又为企业提供了所需的技术技能人才，职业院校的学生毕业后能就近就业、服务于区域产业发展，这是互惠互利的双赢局面。而当下乡村职业教育的发展缺乏产业的支撑，办学效果不尽人意，只好以培养学生到发达地区就业为目标；而乡村经济的发展又缺乏技术人才的支持，发展缓慢，无力支持职业教育的发展，如此陷入恶性循环之中。因此需要职业教育主动服务于乡村社会的发展需求，通过为乡村社会发展提供技术支持和人才支撑，推动乡村振兴，从而扭转乡村社会发展与乡村职业教育办学之间的恶性循环。（LM，职教专家）

四、乡村职业教育办学体系维度

《国家职业教育改革实施方案》明确指出，职业教育与普通教育是两种不同教育类型，具有同等重要地位。作为一种教育类型，乡村职业教育应该有完备的体系。但是当前乡村职业教育体系的问题主要存在以下几个方面。

（一）乡村职业教育体系不完善

从横向来看，学历职业教育与职业培训统筹兼顾是乡村职业教育发展的重要基础。但是受传统的学历教育倾向的影响，当前的乡村职业学校教育与乡村职业培训是分割的，学校职业教育与职业培训脱节问题严重；乡村职业教育培训等非学历教育未能得到该有的重视，乡村职业培训只是一种补充形式，发展很慢，且数量与水平亟待提升。从纵向来看，由于经费、思想认识以及农村人口不断减少等方面的原因，乡村职业教育体系的完善程度仍然不够，乡村职业学校教育主要由县级中等专业学校承担学历教育，许多乡镇农校和村组级农村实用技术培训点基本被废弃，县乡村三级乡村职业教育网络沟通不畅。[1]

(二) 乡村职业培训"松散化"

从管理体制来看,乡村职业培训分属于教育、农业、人社等不同的部门管理,缺乏一个有效统筹协调的载体;从培训体系上看,由于多头管理,整个乡村职业培训没有完善的培训体系,各相关部门主要集中在县城举办一些临时性的职业培训,乡镇和村一级的成人文化学校和教学点被撤并,职业培训无法深入田间地头和乡村生产一线,难以发挥其该有的作用;从职业培训的内容来看,培训内容与培训对象的需求不匹配,培训部门往往以"他者"的身份制定培训内容,没有深入培训对象中去调查,"离土离乡"倾向严重,多为针对进城务工人员的技能培训,对于留守乡村群体的涉农职业培训以及乡村当地发展急需的技能人才培训很少。

在国家职业教育与成人教育示范县创建过程中,有些县是由县职业中等专业学校负责牵头组织申报,有些县是由县政府办牵头组织申报工作;这两个不同的机构牵头组织申报的效率是完全不同的。由县职校牵头申报的在收集申报材料、统筹创建的过程中困难重重,而由县政府办牵头组织申报的则效率高、配合较好。其实这就反映了一个比较突出的问题,那就是我们缺乏一个统筹县域乡村职业教育发展的专门机构。因为现在的管理体制是乡村职业教育由不同的部门机构在实施,呈'松散化'状态。如学历职业教育主要是由县职业中等专业学校负责,但是职业培训却是分散于不同的部门的,诸如农业部门组织新型职业农民培训、人社部门组织劳动力转移培训、妇联会开展一些妇女职业技能培训、扶贫办则主要针对贫困群体开展相应的技能培训等等,这就存在培训的同质化、培训效果不佳等问题。所以,乡村职业教育要发展就需要有个强有力的统筹机构和统

---

[1] 唐智彬、石伟平:《农村职业教育发展现状及问题分析》,《职业技术教育》2012 年第 28 期。

筹发展机制来统筹学历教育与职业培训，以及各类职业培训的统一规划发展等等。（LJL，公务员）

（三）乡村传统技艺传承"边缘化"

乡村传统手工艺的传承需要予以特别的关注，这是一类乡村社会自发的职业教育类型，与乡村社会息息相关。随着科技的发展以及大工业生产下机器替代品的出现，传统的手工艺产品受到了巨大冲击，传统乡村手工艺及其传承者生存环境日趋恶化，而承担这些传统手工艺传承职能的乡村社会职业教育慢慢地被"边缘化"。

乡村社会职业教育的边缘化使得乡村民间技艺传承已经到了"最危险的时候"。[1] 据 2015 年《中国传统手工现状调查》，86%的传统手工从业者是在乡村地区，其中这些人近 70%的人年收入在 2 万元以下，60%的手工技艺面临"后继无人"的困境。另外，有 70%的受访者对学习传统手工的意愿不高。而传统手工艺的衰落，究其根本是因为现代社会不能再为它提供一片生存的土壤。[2] 一方面，传统手工艺产品的市场越来越小，失去了生存空间，渐渐地在人们的日常生活中消失，取而代之是各类廉价的工业品；另一方面，由于缺乏传承保护制度和传承平台，依靠这些传统手艺谋生的民间工匠群体越来越小，很多传统职业消失，老一代的民间手艺人渐渐老去，年轻一代的大多外出谋生，不愿继承学习，具有地域特色的传统技艺慢慢被忽视和遗忘。

第四节　乡村职业教育发展的多维困境深层透视

乡村职业教育发展中呈现出的具体问题透视出乡村职业教育问题不

---

① 谢元海、闫广芬：《乡村振兴背景下的乡村职业教育发展研究——基于三种形式的乡村职业教育分析》，《中国职业技术教育》，2019 年第 12 期。

② 杭间：《手艺的思想》，山东画报出版社 2001 年版，第 15 页。

仅仅是教育本身的问题，更多的是经济问题、文化问题等综合性社会问题。尤其是在乡村振兴大背景下对乡村职业教育发展的研究不能单纯地局限在职业教育内部去寻找问题与探寻解决之策，而应该放到乡村社会这个宏观的大背景里与其他因素联系起来思考。乡村职业教育的发展必须置于乡村社会发展的大环境之中，在乡村社会变迁的大背景下考量当下乡村职业教育发展的多维困境，在乡村教育场域脱嵌与主体疏离的背后有诸多因素的存在并发生着影响，这些因由可归为现代化冲击的时代之困、城乡二元的制度之困以及社会本位与个体的教育价值偏颇等。

一、现代化冲击下的时代难题——时代之困

现代化是指人类社会从工业革命以来所经历的一场急剧变革，是一个世界性的历史过程，在工业化的推动下，传统的农业社会向现代工业社会转变，工业主义渗透到经济、政治、文化、思想各个领域，引起深刻的相应变化。[1] 在世界现代化历史上，一些国家在现代化进程中，以城市化为先导，乡村发展缓慢，逐步衰落。于是，城市化和现代化伴随乡村凋敝成为世界许多国家的普遍现象。[2] 现代化的冲击深刻影响着乡村社会、经济和文化等诸方面，由此而导致乡村职业教育的重重困境，这是现代化冲击下乡村职业教育发展的时代难题。

（一）社会角度：人口逃离、老龄化——"无人"的教育

从社会角度看，乡村的衰落、人口的逃离、人口老龄化等现象是伴随着世界现代化发展的一个普遍现象，尤其是发达国家的现代化发展历史中，繁华兴起的大都市背后，乡村的衰落成为城市发展之殇。而发展中国

---

① 罗荣渠：《现代化新论》，北京大学出版社 1993 年版，第 16—17 页。
② Liu Yansui, & Li Yuheng.（2017）. Revitalize the World's Countryside. *Nature*,*548*（7667），275-277.

家的现代化进程中,大量的乡村人口大量地逃离,涌向城市,城市的贫民窟规模则日趋扩大。乡村衰落被认为是现代化必然的代价,成为各国现代化进程中难以逾越的"现代化陷阱"。

与世界大多数国家开展城市化和现代化的进程相似,近代以来中国乡村遭遇了前所未有的破坏,"原来中国社会是以乡村为基础,并以乡村为主体的;……在近百年中,帝国主义的侵略,固然直接间接都在破坏乡村,即中国人所作所为,一切维新革命民族自救,也无非是破坏乡村。所以中国近百年史,也可以说是一部乡村破坏史"①。改革开放以来,在工业化、城镇化浪潮冲击下,大量乡村青壮年进城务工,留守的多为老人和小孩,乡村空巢化严重。大规模的劳动力外流导致的农村空心化、老龄化和非农化是引致中国农村走向衰败的主要原因。② 而乡村的衰败又使得大多数外出务工的农民工不愿回到乡村、回归乡土。全国范围内的一次抽样调查表明,70%以上的农民工不打算回乡就业,80%的农民工不愿意再选择在农村工作,越年轻的越不愿回乡务农,只有3.8%的"90后"农民工表示,能够或愿意回村庄务农。③

精英人才和青壮劳动力的流失,使得乡村发展失去了生机。而近年来,随着一系列惠农政策的出台,乡村经济得到了长足发展,农民收入增长,乡村硬件设施不断改善,但是许多地区农村的村容环境、农田水利、人文环境、生态环境等却呈现普遍衰败的景象。④ 在国家的现代化策略选择上,乡村始终难逃加速边缘化的历史命运。乡村职业教育的发展与乡村生态是互为因果的,由于劳动力外流,乡村人口减少,乡村职业教育生

---

① 梁漱溟:《乡村建设理论》,上海人民出版社2006年版,第10页。

② Wang, Yahua, Araral, Eduardo, & Chen, Chunliang. (2016). The Effects of Migration on Collective Action in the Commons: Evidence from Rural China. *World Development*, 88, pp. 79-93.

③ 李强:《新型城镇化与市民化面临的问题》,《北京日报》2016年11月14日第18版。

④ 王亚华、高瑞、孟庆国:《中国农村公共事务治理的危机与响应》,《清华大学学报(哲学社会科学版)》2016年第2期,第23-29+195页。

源锐减,乡村职业教育已成为"无人"的教育。

(二)经济角度:产业荒芜、就业不稳——"无为"的教育

从乡村经济发展的角度看,新中国成立后,尤其是改革开放以来,我们国家走的是工业优先发展的道路,在推进工业化和城镇化的过程中,走的是农业支持工业、农村支持城市的发展道路,通过城乡要素的单向流动和工农产品的"剪刀差"为工业化提供积累和支撑。现代化背景下,在工业化、城镇化浪潮冲击下,以土地为依赖、以农耕生产方式为支撑、以血缘地缘关系为纽带的传统乡村社会面临解构,乡村社会发展处于一种无序或者失序的状态,乡村的生产生活逐步瓦解,日渐荒芜以致发展难以为继。

首先是大量乡村人口减少带来的土地与人口关系的变化,农业经营方式加速向集约化转变,乡村人口外出务工,乡村产业荒芜;产业发展不起来,就业机会稀少。其次是在现代化的冲击下,大量工业品涌入乡村导致乡村手工业瓦解,乡村手工业、乡村工业依旧举步维艰,乡村就业机会稀缺,发展后劲不足。在这种情况下,乡村居民在乡村无法找到就业岗位不得不外出务工。而乡村社会因缺乏各类技术技能人才,导致乡村产业发展不起来,进一步强化了就业机会的稀缺性。如此恶性循环,乡村职业教育对乡村社会的发展无所作为,成为"无为"的教育。

(三)文化角度:传统文化冲击、失传——"无根"的教育

乡村场域是乡村职业教育发展的土壤,其中乡村优秀的文化资源则是乡村职业教育发展的营养,而乡村职业教育则是乡村文化传承发展的重要方式,二者相融共生。

首先,现代化冲击下的中国乡村中,其传统文化受到强大的冲击,逐渐边缘化。在现代技术浪潮的冲击下,我们的日常生活被工业文明的文化潮流充斥着,年轻一代追求现代城市的生活,逐步形成了以工业文明为

核心的功用性价值体系。但是与西方现代文明发展历史不同的是，我们有着几千年传统乡村文明，在工业文明占主导地位的现代社会，我们更多地依赖于功用价值层面的提升，却失去了生存性价值的推动。在乡村，以生存为根基的传统乡村文化被充斥着功用性价值的现代城市文化所打败，以至于在审视以生存性价值为主导的乡村传统文化时，缺少置身于乡村文化中去发掘其巨大教育功能的推动力。[①]

其次是乡村职业教育与乡村本土文化的脱嵌。乡村职业教育发展与乡村环境及生活有着水乳交融的联系，然而在城市取向下，乡村职业教育对城市教育模式趋之若鹜，进而无视自身的特色，乡村本身的文化资源消遁在乡村职业教育变革进程中。依靠乡村职业教育传承的传统手工艺、乡村民俗、传统地方戏剧、山歌等乡村传统文化受到市场化的强大冲击，乡村文化生态已经支离破碎，千百年传承下来的乡村文明被淹没在历史的尘埃中。究其根本原因在于我们的发展忽视了乡土的生态性、自然性，我们的教育缺乏人文性。[②] 乡村本土文化的退守使我们教育下的乡村民众对生养自己的乡土呈现鄙夷之情，从而厌弃乡土给予的滋养与温情，造成了人与自然的疏离、人与乡土的疏离。没有了文化的乡村职业教育成了"无根"的教育。

二、城乡二元制度下的制度藩篱——制度之困

城乡二元制度是指在二元经济结构中为了加快城市工业化进程和限制劳动力等生产要素在城乡之间的自由流动而建立起来的城乡分割、城

---

① 闫守轩：《乡村教育"悬浮态势"的困境与出路》，《教育科学》2013 年第 2 期。
② 谢元海、闫广芬：《乡村职业教育的应然价值取向：生计、生活与生态——以乡村振兴战略为视角》，《教育发展研究》2019 年第 1 期。

乡有别的制度体系。① 域乡二元制度使得乡村中从事农业生产的农民社会地位较低,无法平等地享有发展的成果。改革开放以来,改革的重心开始由农村向城市和整个经济领域转移,国家工业化建设进程不断加速。"在逐利本性的驱动下,资本越来越向城市中富集起来。"②随着中国特色社会主义进入新时代,当下社会主要矛盾已经转化为人民日益增长的美好生活需要和不平衡不充分的发展之间的矛盾。其中不平衡不充分的主要表现就是城乡发展不平衡、"三农"发展不充分。城乡差距愈来愈大,这不仅仅表现在经济层面,更表现在社会文化教育方面。城乡二元结构是当下包括教育在内的社会生活的基本事实与境遇。因此,城乡二元结构体制的存在在很大程度上是阻碍乡村职业教育健康发展的深层根源,是乡村职业教育发展的制度之困。

（一）城乡背离发展

费孝通曾指出,"提倡都市化是不错的,但是同时却不应该忽视了城乡之间的有机联系,如果其间桥梁一断,都市会成整个社会肌体的癌,病发时候城乡一起遭殃。而中国正患着这种病症……"③城乡背离化与二元结构作为社会问题,是近代以来历史发展中所形成的长程性结果。城乡背离发展导致了当下社会发展中的种种冲突和矛盾,已逐步成为社会发展的瓶颈问题。城乡背离发展在教育领域影响尤为严重。

城乡分割的二元户籍壁垒的阻隔使教育整体表现出"重城轻乡"的不合理态势。城乡二元的身份制度使得城乡居民教育权利和地位不平等,乡村居民的受教育水平和质量均要低于城市居民。整个教育发展的

---

① 郭书田等:《失衡的中国:城市化的过去、现在与未来（第一部）》,河北人民出版社 1991 年版,第 29-78 页。
② 葛新斌:《农村教育:现代化的弃儿及其前景》,《教育理论与实践》2003 年第 23 期。
③ 费孝通:《乡土中国》,上海人民出版社 2007 年版,第 302 页。

实然状态是一种"城市优先""城市为主"的状况。在这一基础上，通过行政力量的推动，地方政府将城市的具有一定现代化水平的教育模式直接移植到乡村地区，同时现代教育观念作为一种"超地方知识"嵌入乡村社会，依靠行政权力的推动向乡村社会渗透，实现自身的再生产。① 而对于乡村本土的传统教育观念和教育资源及乡村民众的教育能动性等则被忽视了。乡村职业教育作为乡村教育最为重要的组成部分，也是与乡村社会联系最为紧密的教育类型，城乡背离发展对乡村职业教育发展影响尤甚，直接导致了乡村职业教育办学理念的离乡化、办学地位的边缘化和办学方向的普教化等。

（二）教育资源配置失衡

应该看到，城乡二元结构是我国的基本社会结构特征，作为高地的城市集聚了各种资源，而农村则是附属性的洼地。与城乡二元经济结构和社会结构相对应，教育领域亦存在城乡二元结构。城乡教育二元结构突出表现为城乡教育资源配置失衡，即城市成为优质教育资源的聚集地，城乡学校在办学条件、师资水平、教育质量等方面差距显著。② 在城乡资源配置中，城市职业教育拥有充沛的资金投入，能吸引高素质的师资等资源，乡村职业教育则处于劣势。尤其是随着现代化的快速推进，在有限的资源空间和相对匮乏的经济扶持等资源配置下，乡村职业教育的发展严重滞后于整体教育的发展。这就直接造成了乡村职业教育办学条件的薄弱化、办学质量的低效化和办学体系的松散化。

三、"为农""离农"的价值偏颇——价值之困

关于乡村职业教育的价值取向的探讨，在理论层面一直存在"为农"

---

① 汤美娟：《本土性重构：现代教育观念的乡村嵌入历程——苏北 M 村的民族志研究》，《教育科学研究》2017 年第 6 期。

② 褚宏启：《城乡教育一体化：体系重构与制度创新》，《教育研究》2009 年第 11 期。

"离农"以及"城乡兼顾"等不同的观点。"为农"论认为农村经济和社会的发展需要高素质的技能型人才,通过乡村职业教育来满足这一需要。①乡村职业教育应该回归乡土,为乡村发展培养本土人才。②"离农"论则认为乡村职业教育的'离农'取向是反映农民愿望的正确办学定位。因为农村学生不愿意学农,即使学农也想方设法跳出"农门",所以将乡村职业教育的培养目标主要面向农村、面向农业在一定程度上有其认识上的偏颇,出现短暂的"离农"也是为了长远的"为农"。③还有部分学者提出"城乡兼顾"的观点,认为"农村职业教育应当确立'离农'教育为主、'守土'教育为辅的双重性办学目标定位选择"④。

在乡村职业教育政策实践层面,乡村职业教育的发展经历不同的阶段,其价值取向具有阶段性的特征。中华人民共和国成立后,为提高农业生产力,国家积极试办农业中学,同时提出中高等农业院校应当面向农村、面向农业生产,有计划地迁往农村办学。20世纪80年代到90年初,乡镇企业异军突起,大量农村剩余劳动力"离土不离乡、进厂不进城"地转移至乡镇企业。为促进乡村经济结构的调整,国家不断地调整职业教育政策,全面提高劳动者的文化技术素质,其基本定位是"为农"发展。而随着改革开放的深入和城市化、工业化的发展,整个乡村经济社会也发生了更大变化,为适应农村劳动力外出就业的需求,乡村职业教育逐步由"为农"教育转向"离农"教育。进入新世纪后,乡村职业教育转向"离农发展",教育部颁布了《农村劳动力转移培训计划》,提出"面向农村进城务工人员开展职业教育和培训是一项新的工作"。可见乡村职业教育价

---

① 王煜:《为农服务是农村职业教育的主要内容》,《职业技术教育研究》2003年第9期。
② 苏济、杜学元:《浅论农村职业技术教育发展的现状和对策》,《当代教育论坛》2007年第10期。
③ 曹晔:《农村职业教育的价值取向:"离农"还是"为农"——基于历史变迁视角的考察》,《职教通讯》2012年第1期。
④ 周青:《农村职业教育办学目标定位的双重选择》,《经济与社会发展》2007年第2期。

值取向在不同时期的政策实践层面上表现为"离农"和"为农"的不同取向。

以往理论层面上关于乡村职业教育"为农"与"离农"等价值选择的探讨，没有立足乡村社会不断发展的背景中，是片面的、静止的，"为农"论一般是从乡村社会发展角度出发，强调社会本位，忽视了乡村居民个体的发展；"离农"论从表面上看反映了个体的利益诉求，但实际上却不利于乡村居民个体的可持续发展和生活质量的提高，更不利于乡村的产业兴旺、生态的良性发展等。诚如学者提出的"离农"教育不利于农村社会发展，"为农"教育不利于学生个人发展。[①]而"城乡兼顾"论歧义较大，其实质上还是在"为农""离农"中摇摆，与当前乡村振兴发展是矛盾的。

本章小结

在中国现代化进程中，特别是中国乡村现代化进程中，乡村职业教育应该纳入整个乡村社会发展宏观视野中。但从兴国县乡村职业教育的发展来看，一方面，作为乡村职业教育受教育主体的乡村居民与乡村职业教育"疏离"了，未能发挥其主体性作用和参与职业教育的积极性，乡村居民是被动地接受职业教育；另一方面，乡村职业教育与乡村社会是彼此封闭的，其发展未能适应乡村社会的需要，乡村职业教育发展与乡村社会"脱嵌"，滞后甚至背离乡村社会发展之需要。乡村职业教育的主体疏离与场域脱嵌呈现在其办学理念、办学条件、办学质量和办学体系等四个维度中，理念的滞后、条件的薄弱、体系的松散直接影响办学的质量，四个维度是彼此关联、互相影响的。兴国县乡村职业教育发展的问题具有其特

---

① 张济洲：《"离农"？"为农"？——农村教育改革的困境与出路》，《河北师范大学学报（教育科学版）》2006 年第 3 期。

殊性,但更多的应该是中国乡村职业教育发展中具有普遍意义的共性问题,其多维困境背后的深层根源即是现代化冲击的时代之困、城乡二元的制度之困以及社会本位与个体的教育价值之困。实际上,乡村社会和乡村居民既是乡村职业教育的参与主体,也是受益主体,他们的发展需求本质上是一致的,因为乡村社会发展最为核心的是人,尤其是能够扎根乡土、具有乡土情怀的本土人才。乡村居民个体发展和乡村社会的发展是统一体,乡村职业教育应关涉二者的和谐统一,尤其是在价值理念层面应该改变"为农"和"离农"的二元思维,站在乡村振兴的全局高度,以整体、多元的视角看待乡村职业教育的发展;积极增强乡村职业教育的适应性,嵌入乡村社会中,根据乡村社会发展的动态变化来调整乡村职业教育的发展思路。

▶▶第五章　主体与诉求：兴国县乡村社会发展的职业教育需求分析

随着时代的发展，乡村社会发生了巨大的变化。中国特色社会主义进入新时代，中国乡村社会的发展亦进入了新时代。党的十九大报告提出实施乡村振兴战略，指出"要坚持农业农村优先发展，按照产业兴旺、生态宜居、乡风文明、治理有效、生活富裕的总要求，建立健全城乡融合发展体制机制和政策体系，加快推进农业农村现代化"[1]，中国乡村社会迎来了前所未有的发展机遇。乡村振兴是要实现乡村社会的全面现代化，其目标是发掘、整合各种资源，以实现乡村社会的现代化转型和乡村居民的全面发展，这与以往任何一个时期的乡村社会都不同。在乡村振兴战略背景下，乡村生产者的素质、技术与产业需求的匹配、技术与乡村生态契合等等都需要职业教育予以关注，乡村职业教育亦迎来了新的征程，肩负起为乡村社会的发展提供人才和技术支撑，服务于乡村社会发展、乡村产业发展和乡村居民发展的新的时代使命。我们需要审视

---

① 习近平：《习近平著作选读》第二卷，人民出版社 2023 年版，第 26 页。

乡村振兴背景下的乡村职业教育的需求主体及其特征,进而从乡村居民个体生计发展诉求、乡村经济振兴的技能人才诉求、乡村传统文化技能传承的人文诉求、乡村可持续发展的反贫困诉求等角度系统分析思考乡村振兴发展的职业教育需求。基于此,本研究通过问卷和访谈的方式调查兴国县乡村居民的职业教育与培训需求。其中,问卷的方式是定向发放。兴国县全县有25个乡镇,笔者选取了县城周边乡镇1个、规模较大的镇1个、偏远乡3个,定向发放调查问卷750份,回收有效问卷732份。

第一节　乡村职业教育的需求主体与需求特征

按照需求主体可以将教育需求分为个人需求和社会需求,个人需求指的是个人出于对未来收益的预期而产生的有支付能力的需要;同时,教育作为一种准公共产品其效用是多层次的,除教育的个人需求之外,政府基于本国未来经济和社会发展对劳动力的要求形成了教育的社会需求。[1]教育的个人需求与社会需求实际上就是个人对教育机会和企业、国家对教育产品的需求,一个是起点的需求,一个是终点的需求。[2]乡村职业教育的发展关涉乡村社会的发展与乡村居民个体的生活。[3] 于个体发展而言,乡村职业教育可以提供低成本、多样性的教育内容,能最大范围惠及乡村不同教育需求的人群。于乡村社会发展而言,乡村职业教育能有效链接教育供给与乡村发展需求,为乡村社会发展提供技术技能人才支持。从需求的视角谈乡村职业教育,无论是对社会与个体的满足,还是对乡村职业教育的发展都是有益的。

---

① 王善迈:《教育经济学简明教程》,高等教育出版社2000年版,第107—111、116页。
② 吴克明:《教育供求新探》,《教育与经济》2001年第3期。
③ 谢元海、闫广芬:《乡村职业教育的应然价值取向:生计、生活与生态——以乡村振兴战略为视角》,《教育发展研究》2019年第1期。

一、乡村职业教育的需求主体

在乡村社会中,乡村社会和乡村居民个体是乡村职业教育的两大受益主体,是乡村职业教育得以发展的基础,同时也是乡村职业教育发展的主要参与主体。乡村社会主体包括政府、企业、农业合作社等等,乡村居民个人主体则指生活在乡村的不同社会群体,如新型职业农民、外出务工群体、返乡群体、乡村青年人群体、乡村手工艺者群体等等。乡村职业教育能否满足乡村社会发展与乡村居民个体的现实需求,则是二者是否愿意推动其发展的前提。

关于乡村职业教育是以社会需求为出发点还是以个体需求为出发点一直存在较大的争议。在乡村职业教育发展过程中,社会需求与个体需求这对矛盾体也始终存在着。乡村社会和乡村社会个体对职业教育的需求的出发点和目标是不同的,二者在需求的数量和质量上、需求的层次与类别结构上也必然存在差异和冲突。乡村社会的需求是在综合考虑乡村社会发展的需要而形成的一种期望,而个体需求则是着眼于乡村居民个体的生计生活需求。

但是这并不意味着乡村职业教育的社会需求与个体需求二者之间是不可调和的。实际上,乡村职业教育的个体需求是社会需求的个体化和衍生需要,是社会需求的直接组成部分;个体需求可通过教育途径转化为经济驱动力和社会生产力,形成未来的潜在社会需求。[1] 可见乡村职业教育的个体需求和社会需求是相辅相成、相互影响的。从总体上看,乡村职业教育个体需求与社会需求在本质上是一致的, 因此,乡村职业教育的发展既要关注社会需求,又要考虑个体需求。但是在不同的发展阶段

---

[1] 陈宏军、江若尘:《高等教育个人需求的系统分析与高等教育需求类型关系的诠释》,《清华大学教育研究》2006 年第 2 期。

其关注的侧重点又要有所区别，以往乡村职业教育发展改革的目标主要是放在如何发掘、整合乡村各类资源，服务乡村社会发展，而在如何促进乡村居民个体的现代化转型与价值的实现方面是关注不够的。在乡村振兴背景下，乡村振兴的核心是人，即需要各类人才来实现乡村社会的振兴，同时又要实现乡村居民个体的发展，而乡村职业教育是与乡村社会发展和乡村居民个体发展联系最为紧密的教育类型。从供需角度来看，乡村社会和乡村居民是职业教育的需求方，而乡村社会发展需要不同类型的人才，所以乡村社会对职业教育的需求归根结底是不同个体的人的职业教育需求。

二、乡村职业教育的需求特征

随着乡村振兴战略的实施，乡村职业教育的发展具有广阔的市场前景和需求潜力。无论是宏观方面的乡村社会的发展，抑或是微观方面的乡村不同群体的发展，都对乡村职业教育提出了新的更高的要求，乡村职业教育需求呈现以下几个特征。

（一）乡村职业教育需求的差异性

乡村职业教育需求的差异性主要体现在地域性差异和个体性差异两个方面。从乡村社会的职业教育需求来看，不同地域的乡村经济发展水平不同，地域差异较大，乡村社会对职业教育的需求也是不同的。从乡村居民个体的职业教育需求来看，不同的群体对职业教育内容的需求有较大区别，如外出务工群体主要职业教育需求为相关的职业技能培训，而新型职业农民的主要职业教育需求为现代农业生产技术等。

（二）乡村职业教育需求的层次性

乡村职业教育需求的层次性主要体现为生存发展和精神生活需求两个层次。从生存发展层面看，乡村居民需要获取具体的技能以谋生。对于以务农为主的乡村居民来说,他们是发展现代农业的主体,需要通过接受职业教育来获取先进的农业技术和现代农业经营管理等知识。而随着乡村的振兴发展,农业发展所需的劳动力逐渐减少,从土地中解放出来的剩余劳动力迫切需要通过乡村职业教育获取某种技能,逐步地转移到乡村第二、第三产业中,实现离土不离乡发展。[①] 相关调查数据显示,有71.72%乡村居民希望得到与第二、三产业相关的职业技能培训,尤其是建筑业、加工业、饮食业和服务业等行业的职业技能培训需求最为强烈。[②] 从精神生活层面看,当前乡村居民的受教育水平较低、思想观念保守落后、狭隘自私等问题,成为制约乡村振兴的重要因素,因而发展乡村职业教育,延长乡村居民的受教育年限是乡村居民的基本诉求之一,同时,思想的革新、陈旧观念的改变亦需要职业教育。

（三）乡村职业教育需求的多样性

随着乡村社会的多元化发展和产业结构的优化调整,乡村社会对职业教育的需求也日益呈现出多样性。首先是不同群体对乡村职业教育内容需求的多样性。需求内容包括一、二、三产业的各个领域,涉及管理、经营、生态等方面[③],并且呈现出对非农类内容的需求高于农业类需求的新趋势。其次是需求的形式也是多样的,有学历职业教育的需求,也有对各类短期职业培训的需求。此外,乡村社会发展需要不同类型的技术技能人才,亦需要不同类型的乡村职业教育为其培育各类技术技能人才,这也是乡村职业教育需求的多样性的重要体现。

---

　　① 谢元海、闾广芬:《乡村职业教育的应然价值取向:生计、生活与生态——以乡村振兴战略为视角》,《教育发展研究》2019年第1期。

　　② 李璐:《安徽农民职业教育供给与需求协调发展研究》,硕士学位论文,安徽大学,2012年,第1页。

　　③ 王朔、王永莲、李爽:《农村职业教育供给与需求现状研究综述》,《职业教育研究》2016年第1期。

第二节　乡村社会发展的职业教育需求分析（一）
——基于乡村居民个体生计发展的诉求

"民为邦本、本固邦宁。"乡村振兴的核心是人的发展，即乡村居民个体发展。作为公共教育的重要领域，乡村职业教育具有公益性、普惠性和鲜明的公共性，无疑是乡村居民个体实现自身发展的现实途径。乡村居民个体的职业教育诉求主要基于自身发展的需要，不同的群体有不同的诉求，具有多元性和差异性。这就要求乡村职业教育既要满足乡村居民生存层面的物质生活需要，又要满足精神生活需要，同时还要根据不同的群体的特点和具体需求提供有针对性的职业教育。

一、调查对象的基本情况

为全面掌握乡村居民的职业教育需求，本研究一是通过问卷调查的形式开展了乡村居民职业教育需求的基本数据采集，共计发放问卷 750份，回收有效问卷 732 份；二是通过访谈的形式，对乡村居民开展了深度的访谈。调查对象的基本情况如下：

一是从年龄构成来看，通过对 732 份有效问卷统计，16 岁到 22 岁的有 51 人（不包括在校学生），占比 7%；22 岁到 40 岁的有 101 人，即 1980年到 1998 年出生的，占比 14%；41 岁到 50 岁的有 297 人，即 1970 年到1980 年出生的，占比 40%；51 岁以上的 283 人，占比 39%（图 5-1）。从中基本可以看出，留守乡村居民中的"80 后""90 后"较少，侧面反映了外出务工就业主体人群是"80 后""90 后"等新生代农民工了；"60 后""70后"较多，这基本上是第一、二代农民工和返乡群体的主体。

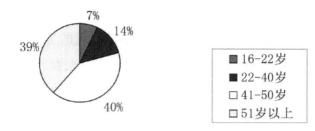

图 5-1 问卷调查对象年龄构成及占比

二是通过对 732 份有效问卷统计,问卷对象的文化程度显示,大专及以上的有 65 人,占比 9%;普通高中的有 176 人,占比 24%;中专的有 68 人,占比 9%;初中的有 322 人,占比 44%;小学及以下的有 101 人,占比 14%(图 5-2)。从中可以看出乡村居民中,总体学历偏低,大多数人完成了义务教育,接受高中阶段教育和高等教育的占比偏低。

图 5-2 问卷调查对象学历结构

二、不同群体的职业教育需求分析

《中共中央、国务院关于实施乡村振兴战略的意见》指出:"要把人力资本开发放在首要位置,畅通智力、技术、管理下乡通道,造就更多乡土人才,聚天下人才而用之。"①在乡村振兴战略实施的过程中,不论是乡村经

① 中共中央党史和文献研究院编:《十九大以来重要文献选编》(上),中央文献出版社 2019 年版,第 175 页。

济、教育、管理、公共服务方面的发展,还是传统农业的结构优化和转型升级,或者是农业现代化生产等,都需要大量的实用技能技术型人才。而职业教育作为与社会联系最密切的教育类型,是直接为社会各行各业培养技术技能型人才的教育。它能根据乡村产业发展的实际需求和乡村振兴需要,培养扶持大批乡村实用人才。人才振兴是乡村振兴的关键,乡村职业教育是培养乡村振兴人才的重要途径。随着农村产业结构的调整和新兴产业、高新技术产业、第三产业的蓬勃兴起,新的职业岗位群会不断出现,对人才规格的需求必将呈现出多样化的趋势。社会既需要大批研究型、探索型、学术型和学科型的人才,更需要大批活跃在社会生产第一线的高级技艺型、操作型和应用型的现场技术人才和管理人才。乡村振兴需要不同类型的人才,而生活在乡村地区的不同群体也有不同的职业教育需求,因此,要求乡村职业教育以更大的包容性、更高水平的要求、更灵活的方式对乡村不同群体进行职业教育,这是探寻乡村职业教育发展路径的现实基础。

根据调查对象从事的具体工作、乡村生活背景、年龄等因素,以及职业教育需求的不同,同时结合近几年在兴国县多次深度访谈和调查的情况,笔者将乡村居民宏观的划分为新型职业农民、返乡创业者、返乡就业者、外出务工者、乡村青年人、乡村手艺人等群体(图5-3),并以此划分为依据分析不同群体的职业教育需求。

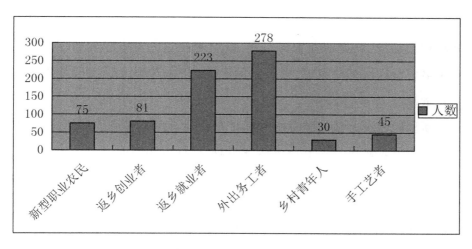

图 5-3　乡村居民群体分类及问卷调查人数

(一) 新型职业农民

　　当前农业发展面临的深层难题是"谁来种地"和"怎样种地"。随着农村劳动力的大量转移以及新生代农民工对土地的"陌生",在农业一线从事耕作的农民几乎都是老人。据调查,当前农村农业劳动者的平均年龄是 57 岁。[①] 可见,农业现代化的发展急需培育新型职业农民。所谓新型职业农民是指具有一定的文化素质和现代农业生产技术与经营管理知识,通过专职从事农业生产经营活动而获利的现代农业经营者。2012 年中央"一号文件"首次提出了新型职业农民的概念,从国家层面开始了新型职业农民培育之路,农民开始由身份型向职业型转变。[②] 2016 年国务院出台《全国农业现代化规划 (2016—2020 年)》,提出加快构建新型职业农民队伍和提高新型农业经营主体农户带动能力。[③] 2017 年农业部出

---

　　① 　朱启臻、杨汇泉:《谁在种地——对农业劳动力的调查与思考》,《中国农业大学学报(社会科学版)》2011 年第 1 期。

　　② 　《中共中央国务院关于加快推进农业科技创新持续增强农产品供给保障能力的若干意见》,《中华人民共和国国务院公报》2012 年第 5 期。

　　③ 　《国务院关于印发全国农业现代化规划(2016—2020 年)的通知》,《中华人民共和国国务院公报》2016 年第 31 期。

台第一个针对新型职业农民的《"十三五"全国新型职业农民培育发展规划》，提出加强"新型职业农民培育、新型职业农民学历提升和新型职业农民培育信息化建设"三大重点工程建设，力争2020年新型职业农民培育总量超过2000万人。①

　　新型职业农民是一群懂技术且对农业有着深厚感情的群体，这一群体将以从事农业作为固定乃至终身职业，是真正的农业继承人。按照新型职业农民"有知识，有文化，懂科技，会经营"的基本要求，这一群体的主要职业教育诉求是通过职业培训掌握农业科技和经营管理知识，成为现代农业的主力军。兴国县新型职业农民主要从事规模的种植和养殖。通过对问卷的统计分析发现，新型职业农民的职业教育需求内容主要有以下几类（见图5-4）。

图5-4　新型职业农民职业教育需求内容与人数

　　一是现代农业生产技术，共有75人选择，占比100%。其中现代农业生产技术中的果蔬花卉种植技术需求人数39人，占比52%；畜禽鱼养殖技术需求27人，占比36%；特种动物养殖技术需求9人，占比12%。

　　兴国县新型职业农民主要从事蔬菜瓜果花卉的种植和畜禽鱼的养殖。种植业主要是蔬菜、油茶、花卉、脐橙、葡萄、火龙果、百香果等等；养殖业主要是一般的牲畜，如生猪、鸭、鱼养殖等。现代农业生产技术在种

————————

① 《农业部关于印发〈"十三五"全国新型职业农民培育发展规划〉的通知》，《中华人民共和国农业部公报》2017年第2期。

养殖业中发挥了越来越重要的作用,所以这一群体都重视现代农业生产技术。农业生产不再是靠天吃饭,而是靠技术,这一点在新型职业农民访谈中也多次提到。

> 我是在乡村专职从事农业生产的,近年来随着国家对农业支持力度的不断扩大,我也在当地政府支持帮助下不断地扩大了农业生产规模,种植反季节蔬菜、大棚蔬菜、时令瓜果等。在扩大生产的过程中,我主要还是依靠传统的种植经验,"靠天吃饭"的成分比较大。令我十分苦恼的,一方面是由于文化水平不高,缺乏农业科学技术,比如病虫害的防治、大棚蔬菜的温度控制、瓜果的保鲜冷冻技术等等;另一方面是不会经验管理,缺乏经营理念,农产品的品牌意识不强、销售渠道不畅,农业电子商务知识更是不懂。(HLZ,蔬菜瓜果种植大户)

同时,农机操作与维修技术的需求人数46人,占比为61%,说明在农业发展中各类现代机械的使用已经较为普遍。兴国县多是低山丘陵地貌,一直以来主要靠人力畜力,近年来随着基本农田建设和整改,机械化程度越来越高,自然对农用机械的操作与维修方面的技术需求也比较热切。

二是农产品深加工技术,需求人数45人,占比为60%;农产品营销知识和农村电子商务需求人数67人,占比89%。新型职业农民高度重视农产品的深加工和附加值的提升,同时也注重一些新的营销技术,尤其是农村基础设施,如交通、网络得到了很大发展的基础上,电子商务已经受到了高度的重视。这些新的观念和营销理念已经深入人心,自然这些技术需求也是迫切需要得到满足的。我们的访谈也验证了这一点。

> 这几年有了国家的支持,我回老家贷款搞起了果业种植,包了村里的荒山种植脐橙,后来由于黄龙病,砍掉了很多脐橙树,2017年开

始又种了百香果和油茶。请了些村民帮忙打理,县里的果业局也有技术人员给予指导。但是还是想系统地学习些种植技术,以前种水稻是靠天吃饭,但是现在是靠技术吃饭了。同时,我2018年开始在网上销售脐橙和百香果,开始是请人销售,后来自己请人制作了一个小程序,慢慢地学习网上销售,急需学习电子商务知识和农产品的销售知识。由于这几年收益还好,我又扩大了种植规模,计划做果汁饮料,并购买了一些机器设备,厂房也基本建好了,现在就急需获得相关技术培训。再有就是想打造自己的品牌,商标的申请、推广等也需要学习。(ZHF,果业种植户)

第三是旅游观光农业、体验农业经营知识,需求人数22人,占比为29%。这部分新型职业农民较为年轻,思路开阔,但是缺乏必要的经营管理知识,在发展旅游观光农业和体验农业中大多数还是停留在简单的采摘、垂钓等,急需接受系统的经营管理培训,推动现代农业一二三产业融合发展。此外,有关"三农"政策等培训的需求人数为70人,占比为93%,这说明国家政策在农业发展中有巨大的引导作用,而广大农民也热切地需要及时理解掌握相关的惠农政策等。

(二)外出务工群体

外出务工群体指从农业中转移出来的以外出务工为谋生手段的乡村居民。他们迫切需要通过乡村职业教育获取谋生技能,尤其是要适应乡村二三产业发展对各类技术技能人才的需要,以实现就近就业就地就业。据统计,2019年农民工总量达到29077万人,比上年增加241万人,增长0.8%。在全部农民工中,未上过学的占1%,小学文化程度占15.3%,初中文化程度占56%。① 农村富余劳动力转移就业已达到了庞大的规模,但整体受教育水平较低,亟须加强职业技术培训,对职业教育的需求亟待

---

① 全国调查总队:《2019年全国农民工监测调查报告》,国家统计局,2020年。

释放。

兴国县常住人口为 71.42 万人，其中农村常住人口为 37.18 万人，占兴国县常住人口的 52%。兴国县地少人多，依靠土地难以维持生计，有相当一部分乡村居民选择外出务工。根据我们在兴国县部分乡村地区的调研，外出务工收入成了绝大多数家庭收入的主要来源。兴国县外出务工群体主要的目的地是珠江三角洲地区等沿海发达地区。近年来随着兴国县县域经济的发展，选择就近就业就地就业的人越来越多。但是由于缺乏必要的专业技能培训，他们大多只能从事技术含量低的体力劳动，工作普遍特点就是时间长、环境差、报酬低。使富余劳动力转化为适应产业结构调整的实用性人才已成为兴国县乡村社会发展的重大问题。通过对区域劳动力市场分析，可以证明劳动力职业教育水平是影响农村劳动力外出工作的一个重要因素。[①] 因此，在乡村振兴背景下，急需加强农村劳动力素质培训，实现农民转移就业，拓宽其就业渠道，同时也为乡村社会发展提供人才保障。

笔者通过调查和访谈发现，外出务工群体外出从事的主要产业为服装加工和电子信息两大产业。在受访的 298 名务工群体中，有 153 人是从事服装加工等相关职业的，占比达 55%；其次是电子信息产业 55 人，占比 20%（见图 5-5）。从这两个数据可以看出，外出务工群体从事的主要产业与该县的首位产业是高度吻合的，可以看出近年来随着兴国县承接产业梯度转移的发展，外出务工群体选择留在本县就业的越来越多。

---

① Sweeney, S., & Goldstein, H. (2005). Accounting for Migration in Regional Occupational Employment Projections. *The Annals of Regional Science*, 39(2), 297-316.

图 5-5　务工群体从事的主要职业/行业及人数

同时,通过对问卷的统计发现,外出务工群体热切需要一些用人市场急需的技能培训,如家政服务、中餐烹饪等,这些特色的技能培训让外出务工群体适应市场需求 及时就业并且就好业。以家政服务培训为例,在家政服务市场中,随着居民对家政服务内容及质量要求的不断提高,给家政服务业带来广阔的发展空间。家政服务已经超越原来以单纯清洁、维修、照看小孩等传统家政服务为主要内容的粗放型结构,朝着更为个性化、专业化、人性化的方向发展,其市场潜力已经激发。兴国县是客家人的重要聚集地,客家妇女淳朴、勤劳、善良,在家政服务市场中具有良好的口碑。近年来兴国县着力打造了"兴国县表嫂"月嫂培训品牌,受到广大乡村妇女欢迎,越来越多的乡村女性通过参加"兴国县表嫂"月嫂培训后进入家政服务行业中去。同时,还需要特别关注一些处境不利群体的职业教育需求,如乡村女性职业培训的需求、残疾人职业培训的需求等等。

　　我家里两个小孩上大学,我和老公在广东做建筑工,工作辛苦,家里经济负担重,2014年过年回老家后我报名参加了县里的月嫂培训,参加完一期的培训后就到市里来做月嫂了,当时有 7500 多块一个月,而且包吃住,比以前去广东打工在收入等各方面都好很多了。以前打工都是卖苦力,但是做月嫂可是靠科学的,不是简单地带孩子做饭,所以雇主对我们很尊重,尤其是现在一些年轻人都认识到了要科学坐月子,所以产妇和小孩的护理、饮食等都要听我们的专业意见。现在我们村和周边村子出来做月嫂的有十多个。所以做月嫂,专业的科学知识是很重要的,一定要参加系统的培训,而且需要持续地参加学习,希望政府持续组织这样的培训。(MJH,月嫂)

(三)返乡群体

返乡群体包括返乡就业群体和返乡创业群体。其中返乡就业群体特指20世纪八九十年代以来就长期外出务工就业的群体,其主要特征是长期在外务工,主要从事体力劳动或者在流水线上从事机械的工作,缺乏相关技术,同时普遍受教育水平较低、年龄偏大,受沿海发达地区产业转型影响,返乡寻找就业机会。兴国县是劳务输出大县,外出务工群体主要集中在毗邻的珠三角等发达地区。随着珠三角地区经济发展的转型和产业结构的调整升级,越来越多的劳动密集型企业转移至兴国县等欠发达地区,使得兴国县外出务工群体在珠三角等沿海发达地区就业越来越困难。与此同时,兴国县承接东部产业梯度转移,急需大量的技术工人,在这一背景下,兴国县大量外出务工群体返乡就业。这一群体返乡后的职业选择有以下几类:一是从事农业生产,到农业合作社中打工。这部分人大多年纪较大,无相关职业技能,返乡后有些要照顾孙辈等等,他们主要从事一些农业生产,需要掌握一些现代农业生产技术,毕竟现在的农业生产方式与他们年轻时完全不一样了。二是到县城务工,主要从事电子、服装等"老本行"。这部分人多为"70后""80后",很多是子女在县城上学,为照顾子女上学,加之珠三角一带产业转型升级后难以找到工作,所以返乡后到县城的工业园区就业。

返乡创业群体特指早年从乡村外出工作或者经商,具有一定的资本积累和技术积累,受教育水平较高,见识较广,对乡村充满感情的群体。随着乡村振兴战略的实施,他们返乡发展。2017年,农业部调查统计显示我国各类返乡创业人员已达 700 万人,其中返乡农民工比例为 68.5%。40.6% 的新型职业农民为务工返乡人员、退伍军人等新生力量。[①]这些返乡创业的群体为现代农业发展注入了新鲜血液。

在调查的 81 名返乡创业者中,返乡从事电子商务的最多,共计 29 人,占比 37%,他们主要是投资做农村电商,销售农产品等;从事服装纺织行业的有 19 人,占比 23%,近年来该县将服装产业作为首位产业发展,各方面政策较为优惠,吸引了部分在珠三角的服装企业管理人员返乡创业;还有就是从事种植养殖业、农产品深加工业、乡村旅游开发等等(图 5-6)。这一群体的职业教育需求主要有农村电子商务培训、企业经营管理培训、现代农业生产技术、市场营销知识、旅游管理知识、相关政策的解读等等。

图 5-6　返乡创业者创业项目及人数

我 1992 年去广东打工,后来在东莞开店从事花卉批发,2014 年小孩要回老家读书参加高考了,我就回到老家承接了一家园艺场,投资种植花卉,请了村里 40 余农户种植花卉苗木。我认为种植花卉和卖花完全不同的,一是要掌握相关的种植技术,也参加了政府相关的培训,但是还是有限的;二是现在卖花和以前完全不同了,实体店成本太高,客源有限,2017 年开始也开设了网点,但是一窍不通,请了

---

① 农业农村部:《2017 年全国新型职业农民发展报告》,2018 年。

人帮忙弄,还是没有自己会方便,有些培训(政府组织的)好难报上名,有时候时间上有冲突就完全顾不上了。希望有定期的电商培训和花卉种植技术培训,尤其希望能有专门的机构或者方式让我们随时学习咨询。(LXH,返乡个体花卉种植户)

(四)乡村青年群体

乡村社会的发展急需注入年轻的血液。随着乡村的发展,越来越多的年轻人选择留在乡村生活发展、返回乡村发展创业,尤其是以返乡大学生群体为代表的乡村青年人是乡村发展的希望。

对于乡村年轻人群体,本研究主要分析了两类:一类是返乡的大学毕业生等年轻群体。高校毕业生就业难已成为困扰政府和社会的一大难题,而乡村社会发展所急需的各类专业人才又严重缺乏,因此,积极引导高校毕业生到乡村就业创业是解决这一矛盾的有效措施。返乡的大学毕业生这一群体文化水平较高,有干劲、有闯劲,接受新兴事物的能力强,同时也能带回新观念、新思想。引导大学毕业生返乡发展,为乡村发展注入新鲜血液是实现乡村振兴的关键之策。从职业教育的角度看,应为返乡的大学生提供相应的职业培训,如农村实用技术培训、各类政策法规培训等。

我是 2016 年大学毕业的,毕业后到浙江和广东工作过两年,在外工作挺累的,而且找份满意的工作也不容易,所以 2018 年回老家后就留下来创业了。现在农村的条件好了很多,交通、网络都很便利,生活和城市区别不大,发展机会也比较多,趁年轻想创一番事业,我们好几个同学都回农村来创业了。回到农村创业主要有这些困难,一是感觉自己一无所长,我自己是学会计的,回来创业搞的是种植,得有技术,用现在的话来说我们得"回炉"一下,到职业学校参加培训学习,我自己经常参加县里的种植技术培训;另外就是一些政策

不了解、把握不准，经常去相关部门咨询，耗费时间精力。（WDS，返乡大学生）

第二类是义务教育之后未能升入普通高中的和高中或中专毕业后没有继续升入普通大学的年轻人。在乡村地区，由于经济贫困等原因，在义务教育之后以及高中毕业后，有很大一部分学生没法继续升入高一级学校求学，他们直接走向社会就业。这一群体的基本特征是缺乏具体的职业技能，但是年轻，接受新兴事物的能力强，学习能力强，对本乡本土的事物比较熟悉，需要通过接受相关职业教育和培训，获取具体职业技能，进而投身到乡村振兴中去。其中对于未考入普通高中的初中毕业生，需要接受中等职业教育。大力发展高中阶段的职业教育是实现教育公平的需要，也是乡村居民提升职业技能的重要途经之一。对于乡村高中毕业生，可以结合乡村社会发展需求和个人发展需要提供学前教育、农村医学、中医康复保健、导游服务、社区服务与管理等专业的职业教育，实行定向培养或者委托培养，让这一群体毕业后返乡发展。这一举措对于乡村旅游业发展、乡村文化产业发展、乡村医疗卫生水平提高和乡村社会稳定等都具有重要的促进作用。

我们家有一个哥哥，两个姐姐共四个兄弟姐妹，我是最小的。哥哥成家后生育两个孩子，负担很重；姐姐们成家后也各自有自己的负担。我们父母50多岁，早年养育子女多，家庭负担挺重的，难以供我继续念书，所以2012年初中毕业后我就曾跟着亲戚到广东去打工，在外面打工了两年。因为没有学历和技术，只能在餐馆做服务员。2014年返乡报考了村医生的定向培养，毕业后就分到了乡里的卫生院工作。我们这的乡镇卫生院之前招不到人，留不住人，这几年通过这样定向培养的都留下来了，因为我们都是当地人，留在这里工作能照顾家里，生活成本也低，尤其是像我这样到外面打过工的，和打工的生活比起来,感觉现在有份体面安稳的工作真是太好了。
(XHF,乡村医生)

(五)乡村手艺人

在对兴国县的调查问卷的群体中,共有 45 人是乡村手工艺者,其中木匠 15 人、铁匠 5 人、石匠 4 人、瓦匠 1 人、篾匠 8 人、鱼丝制作者 5 人、草席编织者 7 人(见图 5-7)。

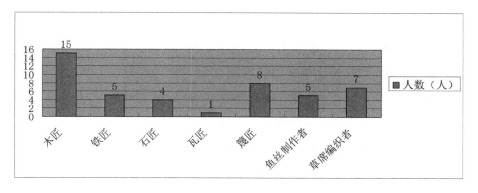

图 5-7　各类手工艺者及人数

通过访谈发现,木匠因为接受了相关的职业培训,转型比较快,受访木匠大多从事家具生产工作,在临县就业;因为受到市场青睐,尤其是通过电子商务,很多竹手工艺制品、草席销路畅通,价格较好,所以篾匠、草席编织近年来发展较好;此外,由于被评为了非物质文化遗产,鱼丝制作群体通过打造品牌、创新技艺,也得到了很好的发展;相比之下,其他的手工艺者因为缺乏市场,同时受现代技术的冲击,很多得转行发展,如受访的唯一瓦匠年事已高,只是偶尔接受定制烧瓦,其技艺面临失传。

进入新时代,这些乡村民间手工艺者、非物质文化遗产传承人等,需要有一个平台将其技艺传承发展下来,这就需要职业教育的介入。一方面,政府需要为这些手艺人提供职业培训,如电子商务、营销等知识,让其利用传统手工艺打造的特色产品、创意产品、乡村旅游工艺品有市场有销路,形成产业,促进乡村经济发展;另一方面,职业学校应该为这些传统手工艺者传承技艺提供平台,如在学校设立工作室,开展课外兴趣教学,让学生接触、学习传承这些技艺。职业学校还需要对传统的技艺进行挖掘整理开发等。

> 我们村子手工编织的技艺历史比较悠久,靠山吃山,山里竹子多,祖祖辈辈就靠这些生活,慢慢地就形成了这一手的竹编技艺,在周边乡镇都有名。旦是随着时代的发展,从20世纪90年代开始,竹制品就慢慢被一些塑料制品等工业产品取代了,年轻人也大多外出打工,慢慢地就很少有人学"做篾"了。我一直在村里做"民办"老师,没有外出打工,教书之余还坚持做些竹编,退休后也靠做些竹编补贴家用。这些年一些竹制品慢慢开始被大家所喜欢了,我大儿子前两年也回来陪几个孙子孙女读书,没有再外出打工,也跟着我学"做篾",并学着把一些竹编制品拿到网上去卖,一下就打开了销路。我觉得应该为乡村的手艺人提供个平台来教授这些手艺,可以开些培训班或者到职业学校、中学里面开个课外兴趣班等,吸引感兴趣的年轻人来学;同时也应该让这些年轻的手艺人学些电子商务知识、网络营销知识等,让他们能够通过互联网来卖这些产品,提高收入。(ZRF,篾匠,退休小学教师)

第三节　乡村社会发展的职业教育需求分析(二)
——基于县域经济发展的技能人才诉求

县域经济是以行政县(包括县级市、旗等)区域为载体,以县级独立财政为标志、以县城为中心、以集镇为网络、以农村为腹地、以市场经济为基础、以县级政府为调控主体、以不同层次经济要素间的联系为基本结构的经济系统。① 县域经济是乡村社会稳定与发展的关键所在,其发展对有效推进乡村振兴战略具有关键性作用。因而,县域经济发展的职业教育需求是探讨乡村职业教育发展的路径的前提和基础。

兴国县位于江西省中南部,全县辖 25 个乡镇、1 个经济开发区、303 个行政村、20 个城市社区,全县总面积 3215 平方公里,2023 年末全县常住人口 71.42 万,其中城镇常住人口 34.24 万人,乡村常住人口 37.18 万人。近年来,兴国县加快项目建设,促进产业结构调整,积极谋求发展新形态,县域经济发展态势良好。从该县三大产业的产值及比例来看(表 5-1),三大产业总体发展势头较好。2015—2019 年五年的数据显示,该县的经济结构在持续的优化,二产逐步占主导地位,三产更是稳步增长。随着经济发展方式的转变和产业结构的转型升级,乡村经济结构不断优化和调整,《国务院办公厅关于推进农村一二三产业融合发展的指导意见》指出,推进农村一二三产业融合发展,是拓宽农民增收渠道、构建现代农业产业体系的重要举措,是加快转变农业发展方式、探索中国特色农业现代化道路的必然要求。② 而实现乡村产业融合发展的关键是培育适应乡村经济发展所需的各类技术人才,这对乡村职业教育有着迫切需求。

表 5-1　2015—2019 年兴国县三大产业产值及比例

年份	第一产业(亿元)		第二产业(亿元)		第三产业(亿元)	
	产值(亿元)	比例%	产值(亿元)	比例%	产值(亿元)	比例%
2015	28.5	22.1	60.3	46.8	40.1	31.1
2016	31.0	21.9	65.5	46.3	45.0	31.8
2017	30.6	19.3	76.2	48.1	51.6	32.6

---

① 王盛章、赵桂溟:《中国县域经济及其发展战略》,中国物价出版社 2002 年版,第 23 页。
② 《国务院办公厅关于推进农村一二三产业融合发展的指导意见》,《农村工作通讯》2016 年第 2 期。

续表

年份	第一产业（亿元）		第二产业（亿元）		第三产业（亿元）	
	产值（亿元）	比列%	产值（亿元）	比例%	产值（亿元）	比例%
2018	27.1	15.5	86.9	49.8	60.6	34.7
2019	31.6	16.5	60.9	31.8	99.0	51.7

一、农业发展的职业教育需求

在现代乡村社会,农业仅仅是乡村产业之一,农业生产开始成为一种职业,农民成为一种职业而非身份,农民作为一种职业群体只是乡村社会中众多职业群体的一部分。现代的农业生产有别于传统的农业生产,现代农业生产是为了销售而非农民自己消费,这就涉及农业生产的计划、贮存、运输、加工、销售等一系列的技术,由此衍生了系统的产业链,这对职业教育提出了新的要求。

（一）现代农业发展

发展现代农业是乡村经济振兴的根本所在。现代农业是以生物技术和信息技术为先导的、技术高度密集的科技型产业,是面向全球经济的一种农工贸一体化经营的现代企业,是正在拓展中的一种多元化和综合性的新型产业,是一种开源节流和可持续发展的绿色产业。① 农业的现代化主要表现在技术现代化、机械设备现代化、经营管理方式现代化,究其根本在于农业劳动者素质现代化。调查显示,德国95%的农民都受到过规范性的职业教育。其中,受过高等教育的占比10%,受过中等职业教育的占比31%,参加过职业进修教育的占比59%,高素质的农民为德国的

---

① 石元春:《现代农业》,《高等农业教育》2002年第9期。

农业现代化提供了有力的人才支撑。[①] 但从总体上看,当前我国农业供给质量、综合效益和竞争力都不高。主要原因在于农业科技水平不高、农业机械化率低,究其根本在于农业从业者素质不高,当前我国农业生产中技术含量严重不足,现代农业生产方式远没有形成,根据第三次全国农业普查主要数据公报数据显示,91.7%的农业生产经营者为高中以下学历[②],他们对新技术的学习和接受能力较弱;同时农业技术工作队伍不强,农技人员占农业人口的比重仅为 0.2%,中高级农技人员占比仅为0.06%[③],这在很大程度上制约了现代农业技术的推广与应用。舒尔茨认为,要改变贫困落后的状况,就必须向农民进行教育及文化投资,而促进农民掌握科技知识和技能的根本途径是教育,尤其是职业教育培训。[④]要让农业成为有奔头的产业,需要大力发展农业科技,需要现代农业职业教育予以支持。乡村职业教育应该承担为农业发展提供技术支持的时代使命,为现代农业提供技术支持和人才支持,围绕现代农业发展之需要,不断调整人才培养结构,为农业现代化培养大批生产者、经营者、管理者,全面破解现代农业发展的人才瓶颈问题。

兴国县通过选育推广高产油茶新品种、延伸油茶产业链,坚持发展农业产业基地,高标准建设现代农业示范园,加工橙开发示范基地,蛋鸡养殖基地等一批现代农业示范基地。而现代农业必须依靠发展理念领先,依靠专业人员职业化的手段推进。[⑤] 这就需要通过大力发展职业教育来为现代农业提供技术支持和高素质的技术技能人才支撑。同时,乡村职

---

①　柳一桥:《德国农业职业教育对我国新型职业农民培育的启示》,《农业经济》2018 年第 4期。

②　《第三次全国农业普查主要数据公报(第五号)》,国家统计局网站,2017 年 12 月 15 日。

③　《第三次全国农业普查主要数据公报(第二号)》,国家统计局网站,2017 年 12 月 15 日。

④　[美]舒尔茨:《改造传统农业》,商务印书馆 1999 年版,第 129、139 页。

⑤　金瑾:《乡村振兴战略下的农业职业经理人培育机制改革——以四川现代农业职教集团为例》,《职业技术教育》2018 年第 21 期。

业教育亦应发挥在现代农业技术研发推广等方面的作用,架起农业科技通往现实生产力的桥梁,提高农业现代化水平。

目前我们县里的农技人员主要有以下几类组成:一是我们政府的专业技术人才队伍,主要就是农业农村局、果业局等部门的技术人才;二是农业企业和合作社里的技术人才,一些规模较大农业企业都有专门的技术人员;三是我们广大农民中的"土专家"等技术能手。但是,这些是远远不够的。政府的专业农技人才队伍人数少、年龄偏大;农业企业的技术人才本身也少,而且流失严重。而我们县现代农业的发展,一是缺现代技术,二是缺懂技术的人。所以急需送技术下乡,送技术培训下乡。比如我们的蔬菜产业发展,一方面我们在加强基层农技推广体系的建设,实施重大技术推广计划;另一方面在加强农业科技人才队伍建设,积极将返乡大学生、退伍军人等培养成懂技术、会经营、善管理的新型职业农民队伍,组织开展业务骨干、种菜主体集中培训,培养本土农民菜技员和生产能手。当然,这些仅仅依靠我们农业部门是很难做好的,需要与有关部门协同合作开展培训,尤其是要和县职业学校联合,利用县乡村三级培训网络来科学、规范地开展农业技术推广和农业技术人才培养培训。(LJL,农业部门官员)

(二) 农业产业化发展

现代农业的发展将会衍生出第二、第三产业,如农产品的深加工、观光农业的发展等。农业产业化发展,推进农村地区农业科技的进步,将会极大的提高农业的经济效益,进而提升农村地区生产要素的生产率和县域经济竞争力。① 在国家实施乡村振兴战略的背景下,推进农村地区农业产业化是农村地区有效解决"三农"问题的途径之一。推进农业产业

---

① 韩俊:《实施乡村振兴战略将从根本上解决"三农"问题》,《农村工作通讯》2018 年第 2 期。

化将有利于缩小城乡差距,增加农民收入,促进地区发挥区域资源优势。① 发展县域经济就是要用现代要素不断改造传统农业,实现农业产业化发展,提高农产品的附加值,同时延伸产业链,实现现代农业的"接二连三"发展,如发展农产品的深加工、观光农业、体验农业等。促进农村一二三产业融合发展,是实施乡村振兴战略、加快推进农业农村现代化、促进城乡融合发展的重要举措。这些都有赖于发展乡村职业教育来提供智力支持和技术技能人才保障。

近年来,兴国县以实施乡村振兴战略为统领,加快农业结构调整,以脐橙、蔬菜、油茶产业为主导,生猪、草地畜牧、休闲农业、特色水产等区域特色产业为补充(表5-2),实施好"十大产业发展工程",发展"一县一业""一村一品"等特色产业,促进产业连线成片、聚点成群、加快升级,主要农作物耕种收综合机械化率达到75%以上、农业信息化水平达到60%、农业科技进步贡献率达到60%。农业产业化发展,一方面需要通过职业教育推广传播各类种养殖技术、农产品的深加工技术、营销管理技术等等,另一方面需职业教育来培养高素质的农民和相关技术人才,形成人力资本,从而直接作用于农业生产活动中。

5-2　兴国县特色农业产业及其职业教育需求

序号	产业名称	职业教育需求
1	以脐橙为主的果业	1. 品种选育及良种繁育技术及推广,病虫害防治技术等;2. 商品化处理技术,包括冷藏技术、分选技术、深加工技术、电子商务等。

---

① 邵佳、栾敬东:《安徽省农业产业化发展现状评价——基于因子分析方法》,《黑龙江八一农垦大学学报》2018年第2期。

序号	产业名称	职业教育需求
2	蔬菜产业	1. 生产型经济大棚处理、高效节水灌溉技术等；2. 病虫害测报预警、生产规程、质量标准、分级包装、储藏等；3. 冷链物流建设、预冷、低温分拣、冷藏运输等；4. 加工能力升级，商品化处理，净菜、脱水蔬菜、蔬菜饮品等深加工。
3	油茶产业	1. 油茶良种育苗技术；2. 林地垦复清理、密度调整、整形修剪、补植补造、施足追肥等；3. 深化加工技术；4. 品牌营销推广等。
4	烟叶产业	1. 高标准现代化烟叶基地建设；2. 烟叶标准化生产集成技术体系，层级技术培训，烟稻轮作种植技术，标准化生产技术；3. 品牌建设、营销等。
5	生猪产业	1. 生猪品种改良，新技术、新品种的推广和品种结构调整；2. 地方品种和生态放养技术；3. 生猪养殖粪污治理及资源化利用；4. 生猪产业化经营；5. 动物疫病防控；6. 养殖户的培训；7. 生猪流通体系营销渠道等。
6	水产业	1. 池塘循环水养殖技术，大水面净水养殖技术；2. 市场营销；3. 稻渔共作技术等。
7	优质稻米产业	1. 优良品种培育技术；2. 区域公共品牌打造；3. 深加工技术和营销能力等。
8	草地畜牧业	1. 肉牛、肉羊良种繁育；2. 规模化、标准化生产技术；3. 大草场改良，推广粮草轮作技术；4. 品种选育及良种繁育基地建设；5. 坚持标准化生态建场；6. 商品化处理、屠宰加工处理技术；7. 肉牛养殖技术、防疫技术等。
9	茶产业	1. 标准茶园建设技术、无性系良种栽培、测土配方施肥、病虫绿色防控、机械化采摘等标准化生产技术；2. 品牌打造与推广；3. 优质高效栽培、机械化采摘、精深加工等技术培训。
10	中药材产业	1. 中药材生产水平和种植规模；2. 与有关制药企业合作，推行中药材订单生产，实行产销对接，建设一批示范带动力强的中药材种植基地。

二、乡村工业发展的职业教育需求

乡村工业的发展是乡村经济振兴的基本保障,乡村工业在乡村产业兴旺发展中起着承上启下的关键作用,尤其是乡村工业要反哺农业发展,实现工农业融合发展。[①] 费孝通先生曾指出中国从来不是一个纯粹的农业国家,而一直有着相当发达的乡土工业,这些工业分散在无数的乡村而非集中于都市。费孝通先生所谓的乡土工业包括下列几个要素:农民不必放弃农业而参加工业;工业分散在乡村里或乡村附近;工业的所有权属于参与其中的农民;工业原料主要由农民供给;工业收益最大限度地惠及农民。[②] 这种思想对当今乡村振兴有重要的指导作用。随着乡村社会现代化的发展,乡镇企业必将再度繁荣,具有乡村特色的农副食品加工业、制造业、纺织业等乡村工业的发展急需"现代技能下乡",需要通过职业教育为其提供技能人才支撑。

工业转型升级是县域经济发展的头等大事,也是实现乡村振兴发展的根本保障。工业的发展离不开技术人才。据欧洲发达国家的统计,工人技术水平每提高一级,劳动生产率就提高 10%—20%。而我国统计资料显示,三分之一明亏或潜亏企业中,80%的原因在于内部管理和工人操作技术不过关。[③] 职业教育可以为县域工业发展培养和输送大批技术工人,并形成人力资本,对县域工业的发展具有重要意义。随着经济转型与产业升级,对劳动力的知识化程度与综合素质的要求也不断提高,需要数以万计服务于一线的应用型高素质劳动人才,对职业教育有迫切需求。[④]

[①] 谢元海、闫广芬:《乡村职业教育的应然价值取向:生计、生活与生态——以乡村振兴战略为视角》,《教育发展研究》2019 年第 1 期。

[②] 《费孝通全集》第五卷,内蒙古人民出版社 2009 年版,第 85 页。

[③] 姜蕙主编:《当代国际高等职业技术教育概论》,兰州大学出版社 2003 年版,第 48 页。

[④] 谢元海、杨燕萍:《乡村振兴背景下的乡村职业教育发展路径研究——基于县域经济发展的职业教育需求分析》,《成人教育》2019 年第 10 期。

以兴国县的首位产业电子信息和纺织服装为例，其产业聚集度达44.11%，全县现有各类服装企业和个体户588家，其中规模以上纺织服装企业17家；拥有自主品牌13个，开设自营店17家。据不完全统计，兴国县从事纺织服装产业人员近16万人，占全县人口的19%。其中，在本县从业人员2万人，纺织服装已成为兴国县企业数量、从业人员最多的行业。但是从业人员的流动非常频繁，乡村工业发展招工难，缺乏技术工人的现状依然严峻，全县乡村工业的发展亟须健全创新人才支撑体系和技术技能人才培养培训体系。这就需要深入挖掘、充分发挥职业教育在技能人才培养上的优势，为乡村工业发展"订单式"培养一批本土型、专业型、创新型的技术人才和管理人才。

三、乡村第三产业发展的职业教育需求

发展乡村第三产业是乡村可持续发展的保证。国家旅游局的数据显示，2017年全国乡村旅游达25亿人次，旅游消费规模超过1.4万亿元，旅游成为扶贫和富民新渠道；同时，电子商务技术也成为推动乡村建设与发展的重要力量，《中国淘宝村研究报告（2018）》显示，2018年全国淘宝村数量达3202个，淘宝村网店年销售额超过2200亿元，在全国农村网络零售额占比超过10%，活跃网店数超过66万个，带动就业机会数量超过180万个。① 乡村旅游业的发展，以及由此带动的乡村餐饮业、农村电商行业等乡村第三产业的发展，都迫切需要通过发展乡村职业教育来培育了解乡情的乡土人才，而乡村养老、医疗等公共服务行业的发展也急需通过发展乡村职业教育来培养大量留得住的乡土人才。②

---

① 阿里研究院：《中国淘宝村研究报告（2018）》，http://www.100ec.cn/detail--6479912.html。
② 谢元海、闫广芬：《乡村职业教育的应然价值取向：生计、生活与生态——以乡村振兴战略为视角》，《教育发展研究》2019年第1期。

兴国县近年来加快产业结构调整和转型升级,2019 年三大产业比调整为 16.5∶31.8∶51.7。尽管第三产业的比重占据了一半以上,但是第三产业从业人员数量、质量和结构与其快速发展不适应、不匹配的问题非常严峻,急需发展乡村职业教育,增强乡村职业教育服务能力,推动乡村第三产业发展,为乡村产业融合发展提供技术技能人才供给。如近年来兴国县在推进全域旅游发展过程中,急需在旅游品牌创建、旅游市场拓展、休闲农业和乡村旅游发展等方面推进旅游人才队伍建设。如此,需要通过职业教育来培养大批专业旅游导游人才和管理人才,并培训一批专业的从业人员。

> 我县旅游资源丰富,"红、古、绿"色旅游资源交相辉映,近年来发展全域旅游,布局了以田园风光和民俗风情为载体的市民休闲核心区;红色旅游链接区;以传统村落、古村落为中心的客家文化链接区;生态休闲度假链接区等等,现代服务业依托乡村旅游业迅速发展。乡村旅游业等第三产业发展最需要的就是旅游人才,所以急需乡村的职业学校、各类乡村职业培训针对乡村旅游业等第三产业发展培养培训各类人才,如旅游创新创业人才、乡村导游、乡村旅游村的村干部等等,提高乡村旅游从业人员综合素质、经营能力和服务水平。(ZST,公务员)

第四节　乡村社会发展的职业教育需求分析(三)
——基于乡村传统文化技艺的人文传承诉求

在实施乡村振兴战略的背景下,文化振兴是乡村振兴的一个重要方面,乡村传统文化技艺是乡村振兴战略的精神支持,也是乡村振兴战略的重要基础和根本保障,发挥着感染、教化、推动乡村社会全面发展的功能,其发展受到了社会各界的高度关注和重视。有学者认为乡村传统文化的价值回归、文化重构与保护传承能使人们形成相近的价值观念和行为准则，能通过增进彼此认同来提高诚信度和凝聚力，从而实现乡村振兴的目标。[1] 这些传统文化技艺在新时代需要新的发展，其发展有赖于乡村职业教育的发展，这就对职业教育提出新的要求。具体而言，乡村传统文化技艺是乡村居民文化和精神生活的重要方面，又与乡村居民的生产生活紧密地联系在一起，通过乡村职业教育发展乡村传统文化技艺是乡村居民精神文化生活之需，也是乡村社会的生产生活之需。同时，乡村职业教育是乡村文化技艺生态中的重要媒介，乡村中传统手工艺、乡村民俗、传统地方戏剧、山歌等乡村优秀传统文化技艺都是通过乡村职业教育予以传承的。在新时代，乡村传统文化技艺本身需要新的发展，所以发展乡村职业教育是乡村传统文化技艺本身的传承发展之需。

一、乡村居民精神文化之需

在乡村生态中，乡村传统文化技艺是乡村居民精神文化生活的重要方面，这些传统文化技艺伴随着农耕文明、自然经济延存数千年之久，有着悠久的历史和广泛的群众基础，散发着浓郁的乡土气息，更是乡村居民勤劳智慧的体现。以乡村传统文化技艺振兴推动乡村振兴，要重新打造乡村传统文化技艺的自身魅力，找回乡村文化技艺的强大自信，这需要通过乡村职业教育来实现。一方面，需要将传统文化技艺融入乡村职业教育中，重新打造乡村传统文化技艺的自身魅力，让乡村居民认识传统文化技艺，增强乡村居民对传统文化技艺的认同感，树立传统文化技艺自觉，从而吸引乡村居民积极自主投身乡村振兴事业，成为乡村振兴的推动

---

[1] 郑文堂等：《美丽乡村建设背景下乡村传统文化保护与传承》，《现代化农业》2015年第2期。

者。另一方面,需要通过发展乡村职业教育,调动广大乡村居民的自主性与积极性,自下而上地积极学习传承乡村传统文化技艺、增强乡村居民热爱乡村传统文化技艺的情怀,为乡村振兴注入文化动力。

此外,对于乡村传统文化技艺,我们还需要自我扬弃、批判吸收,避免传统乡村文化技艺的本土局限性。应该通过现代乡村职业教育,挖掘传统文化技艺资源,赋予传统文化技艺新的时代内涵和表现形式,从而建立具有自主性和伸展性的现代乡村文化新认同,更好地满足广大群众多样化的精神文化生活需求,使之在先进文化的熏陶浸染中形成正确的世界观、人生观和价值观。

> 兴国县山歌植根于客家文化的深厚土壤中,涵盖了客家人生活的方方面面,饱含着丰厚的客家文化信息。从某种意义上说,兴国县山歌是客家人繁衍生息的一幅历史画卷。保护、研究、解读兴国县山歌,发掘其精华,无疑是弘扬中华优秀传统文化的一项极其重要的举措。兴国县山歌的艺术特色及文化内涵都有其特殊性,如果对兴国县山歌的民俗考证和民间传承缺乏文化自觉,这种古老而神奇的民间歌谣就会失去它固有的生命力和艺术活力。它所代表的意义、思维方式、行为准则、价值观在当今社会依旧具有很强的教育意义。兴国县山歌已经不仅仅是山间地头的山歌号子了,也是带有地域烙印的赣南传统客家文化。要让更多的人们认识了解兴国县山歌的存在,只有立足根本,呼唤传承,增强人们的文化认同自豪感。(LHJ,非物质文化遗产保护专家)

二、乡村居民生产生活之需

"一方水土养一方人",兴国县乡村独特的地理位置积淀了极为丰厚的精神文化财富,乡村传统文化记忆是兴国县历史文化的基本内容,蕴含着乡村居民特有的精神价值、思维方式和风俗习惯。乡村传统文化技艺与乡村居民的生产生活息息相关，尤其是植根乡村的民间手工技艺，是乡村居民为适应并满足自己的生活需要和审美要求，就地取材并以手工方式为主制作产品的"民间工艺"，它存在于乡村居民的衣、食、住、行、用等各个领域。这些传统手工技艺是乡村工业的一种类型，是乡村居民收入的重要来源，事关乡村居民的民生问题。这些传统手工技艺更是形成了许多乡村特有的职业，如乡村的木匠、篾匠等是依靠这些手艺谋生的；唱山歌、戏曲等也是很多乡村居民谋生的职业，乡村很多红白喜事、庙会等都会需要。这些乡村传统文化技艺主要依靠"师徒传承""父子传承"等形式传承。这不仅仅是文化保护问题，更是职业教育问题。然而，在现代化和市场经济浪潮的冲击下，兴国县乡村文化技艺正面临着前所未有的挑战。在乡村振兴的背景下，急需通过乡村职业教育的介入来对乡村传统文化技艺进行各方面的建档、研究、保护、传承和振兴等。因此，需要职业学校与县文化部门联合对乡村传统文化技艺等非物质文化遗产进行普查、挖掘、整理，调查清楚有哪些优秀的传统文化技艺，其现状如何，有哪些是传统文化的传承人，其个人发展如何，并在此基础上研究传统文化技能的教育传承问题，通过职业教育来解决乡村手艺人群体的生存发展问题以及乡村手艺支撑的乡村工业的新的发展问题等。

我自幼就跟父亲学竹编技艺，我们土话叫作"做篾"。"篾匠"在以前是乡村不可或缺的，因为乡村生产生活中所需的竹椅、竹床、竹篓、笼床、畚箕、鸡笼、箩子、簸箕、铲箕、竹扫、扁担等等（很多可能现在的年轻人都没听过的），都是"篾匠"做出来的，所以以前我们这里的手艺人是很吃香的，不管是篾匠还是木匠、瓦匠、铁匠等等，都能被别人尊称一声"师傅"，那时候的姑娘嫁人首选的就是嫁手艺人。"做篾"是技术活呀，裁、劈、剖、削、撕、匀、刮等好多工序，还有各种编织技法,这就得有耐心,得细心才能学好,现在很多年轻人都不知道了,我们的手艺也不知道还能传多久?所以乡村手艺人的生存发展问题以及乡村手艺涉及乡村生产问题等都需要予以重视。(ZRF,篾匠)

三、优秀文化技艺传承之需

乡村传统文化技艺的传承最大的困难在于缺乏传承人才。以往乡村传统文化技艺主要是通过"师徒传承""父子传承"的形式予以传承的,是乡村社会民间的一种自发自觉的传承形式。在现代化工业化冲击下其传承体系趋于瓦解。在新的时代要求下,其价值和传承问题再次受到重视,但是单纯的依靠原有的民间自发自觉的传承显然有重大的局限性。这种特有的"世代相传""师徒相传""口口相传"等传承方式在新的历史条件下显得难以适应,传承难以为继。如传承者的老龄化非常严重。以兴国县山歌的6位传承人为例,其年龄均在60岁以上,其平均年龄达到了74岁(截至2021年,见表5-3),这严重地影响了兴国县山歌的传承和发展。兴国县山歌急需进行抢救性的保护,同时积极培养新的年轻的传承人。一方面,需要靠正规的学校职业教育形式的介入,依靠乡村职业学校为传统文化技艺培养传承人才,开展专门的传统文化技艺的职业培训;另一方面,需要从政府层面将民间自发自觉的传统技能传承形式明确为乡村职业教育的一种形式,并予以规范和支持,尤其是需要通过职业教育来培养培训传统文化技艺的传承人。

表 5-3　兴国县山歌部分传承人一览表

序号	姓名	年龄	级别(非物质文化遗产项目)
1	徐×久	95 岁	国家级传承人
2	王×良	80 岁	国家级传承人

续表

序号	姓名	年龄	级别（非物质文化遗产项目）
3	谢×莲	69 岁	省级代表性传承人
4	郭×京	64 岁	省级代表性传承人
5	姚×滔	65 岁	省级代表性传承人
6	陈×芳	73 岁	市级代表性传承人

第五节　乡村社会发展的职业教育需求分析（四）
——基于乡村可持续发展的反贫困诉求

　　反贫困是一个永恒的课题,在 2020 年按现行标准贫困人口如期脱贫之后,农村贫困将会进入一个以转型性的次生贫困和相对贫困为特点的新阶段,即后扶贫时代。[①] 中国扶贫事业进入"后扶贫时代"并不意味着贫困问题的终结,贫困的长期性、历史性、复杂性将会继续存在,尤其是在实施乡村振兴战略过程中,反贫困问题依然任重道远。教育的缺失是能力剥夺的贫困,是比收入贫困更深层的贫困,它会引发贫困的代际传递。美国学者舒尔茨认为,要改变某个地区贫困落后的状况,就必须向农民进行教育及文化投资,而促进农民掌握科技知识和技能的根本途径是教育,尤其是职业教育培训。[②]发展职业教育是后扶贫时代反贫困的重要举措,在后扶贫时代,需要厘清贫困问题转型与反贫困将面临的具体问题及其对职业教育的具体需求,进而探寻职业教育的反贫困路径。[③]

[①]　李小云、许汉泽:《2020 年后扶贫工作的若干思考》,《国家行政学院学报》2018 年第 1 期。
[②]　〔美〕舒尔茨:《改造传统农业》,商务印书馆 1999 年版。
[③]　谢元海、马会勤、梁胜男:《后扶贫时代的职业教育反贫困行动路向:人才、技术与文化》,《中国职业技术教育》2021 年第 15 期。

一、后扶贫时代贫困问题转型与反贫困问题

贫困是经济、社会、文化落后的总称，是由低收入造成的基本物质、基本服务相对缺乏或绝对缺乏以及缺少发展机会和手段的一种状况。2019年兴国县全年减贫 5296 户 18880 人，42 个贫困村如期摘帽，贫困发生率降至 0.57%，2020 年在现行标准下绝对贫困基本消除，但并不意味着贫困的完全消除，贫困问题依然长期存在，相对贫困、多维贫困将成为贫困的主要表现形式，贫困问题将会呈现出新的特征。在后扶贫时代的反贫困过程中，如何防止脱贫群体返贫、如何实现可持续脱贫以及由物质脱贫向精神脱贫转变等问题，成为后扶贫时代面临的主要问题。

（一）防止返贫问题

习近平总书记指出，要把防止返贫摆在重要位置，适时组织对脱贫人口开展"回头看"，让脱贫具有可持续的内生动力。[①] 从贫困线的设定以及贫困的标准来看，按照现行贫困线 2300 元的标准脱贫的群体仍然有可能在各种风险下返贫，即仍然会有低于 2300 元标准的绝对贫困人口的存在，只是数量上不会很大。[②] 同时，由于贫困线是一个动态的概念，随着经济社会发展和整体生活水平的提高，贫困线的每一次调整都会随之带来贫困人口规模和数量上的变动。

从脱贫群众自身的角度看，在市场经济条件下，要求贫困人口具有一定的市场风险意识和规避风险能力，但是由于脱贫人口自身综合素质水平不高、受教育水平偏低、专业技能缺乏、致富能力较弱，应对市场风险时能力有限，这导致他们容易返贫。按照阿马蒂亚·森的理论，贫困人口的贫困问题在表象上是收入低，实际上是他们的人力资本短缺导致的参与

---

① 习近平：《在解决"两不愁三保障"突出问题座谈会上的讲话》，《当代江西》2019 年第 9 期。

② 李小云：《2020 年"贫困"的终结？》，https://www.sohu.com/a/128831343_313745。

市场能力差和风险化解能力差、对地方自然禀赋和个人劳动力变现的能力差等因素所致的市场收益短缺。① 此外,导致贫困群体返贫的因素还有由于不可抗力如自然灾害、疾病等引起的"因灾"返贫和"因病"返贫等。② 这些则需从社会保障层面去解决。

(二)可持续脱贫问题

贫困可分为绝对贫困和相对贫困,绝对贫困只是贫困问题的一个方面,一般指基本生活还没有保证,温饱还没有解决的状态。世界银行将家庭人均日支出水平低于 1.9 美元界定为绝对贫困线。③ 除了绝对贫困问题之外,还存在相对贫困问题。相对贫困是泛指温饱得以解决,可进行劳动力简单再生产,但仍低于社会公认的基本生活标准,基本没有扩大再生产能力的状态。④ 相对贫困是一种发展性贫困,"后扶贫时代"的反贫困问题面临着如何实现可持续脱贫发展的"新命题",即围绕贫困群体实现可持续脱贫"摘帽"、脱贫产业实现可持续发展、贫困村庄实现可持续增收致富的工作重点,探求精准脱贫与乡村振兴战略相耦合。⑤

(三)精神脱贫问题

贫困人口的文化观念与素质落后,使自我发展能力丧失,是致贫的主要原因。因此,精神贫困作为贫困文化的表现,它的价值观念、行为方式、心理状态一旦形成,具有一定的稳定性和传递性,可能形成"贫困的陷阱",在一定程度上给反贫困带来困扰。精神贫困主要存在两个方面。

---

① 杨阳:《阿马蒂亚·森自由发展观及其对当代中国发展的启示》,硕士学位论文,广西师范大学,2016 年。

② 谢元海、马会勤、梁胜昌:《后扶贫时代的职业教育反贫困行动路向:人才、技术与文化》,《中国职业技术教育》2021 年第 15 期。

③ 迪帕·纳拉扬等:《呼唤变革》,中国人民大学出版社 2003 年版。

④ 刘丽萍、许俊杰、杜江:《东北林区"两危"的现状分析及对策选择》,《学术交流》2008 年第 11 期。

⑤ 谢元海、马会勤、梁胜昌:《后扶贫时代的职业教育反贫困行动路向:人才、技术与文化》,《中国职业技术教育》2021 年第 15 期。

一是思想观念相对落后。部分贫困群体在市场经济社会中竞争观念薄弱,缺乏合作意识,这些因素致使贫困群体缺乏原生性的"造血"功能。二是贫困人口有严重的依赖行为和随意、享乐的消费行为。在贫困地区的乡镇和农村,赌博的摊点随处可见。另外,一些地区的人们把大量的物质财富用于丧葬祭祀、求神拜佛等方面。

二、后扶贫时代反贫困的职业教育需求

"教育这回事情,恰好关系两面:一面是个人;一面是社会。"[1]后扶贫时代,防止返贫、实现可持续脱贫和精神脱贫需要从社会经济的发展和贫困个体的发展两个层面展开,应重点关注贫困区域产业经济的发展和激发贫困个体的内生动力。在乡村振兴中,人才是关键,产业是重点,如何破解人才困境与产业发展问题,是摆在乡村振兴面前的两大难题。这就需要职业教育的介入。与其他扶贫方式相比,"职业教育扶贫不是追求物质上的保障,而是赋予贫困人口'造血'的功能,能够帮助他们利用自己获得的知识、技术、能力改善生活现状,从而摆脱贫困"[2]。在后扶贫时代的反贫困中,发展职业教育既是乡村经济社会发展的现实之需,亦是贫困人口个体发展的长远之计。[3]

（一）个体发展的长远之需

随着反贫困研究的深入,学界逐渐认识到所谓"穷人",实质上是被排除在社会参与和发展活动之外的边缘化群体。后发展理论重点关注的就是使当地群众在熟悉的环境中充分把自己的知识和技能用到发展活动

① 《梁漱溟全集》第五卷,山东人民出版社1992年版,第597页。
② 翁伟斌:《职业教育扶贫:政府履行发展职业教育职责的重要使命》,《教育理论与实践》2017年第15期。
③ 谢元海、马会勤、梁胜男:《后扶贫时代的职业教育反贫困行动路向:人才、技术与文化》,《中国职业技术教育》2021年第15期。

中去,强调参与发展。① 阿玛蒂亚·森提出的"可行能力",突出反贫困从个人拥有的"基本物品"向"个人特征"与"个人状态"延伸,"集中注意人们去做他们有理由珍视的事情的可行能力,以及去享受他们有理由珍视的生活的自由"②。社会发展终极追求应该是让全体社会成员能共享经济发展和精神文明建设成果,所以后扶贫时代的反贫困治理将更加注重每一个社会成员的发展,尤其是作为处境不利群体的贫困人口的发展,关注个体的生存与存在,着眼于提升其生命质量和人生价值。

以往的扶贫方式往往重外部供给轻内部激励,重脱贫数量轻脱贫质量,这在很大程度上弱化了贫困人口脱贫致富的主动性和积极性,淡化了贫困人口自身积累和发展能力提升。而职业教育扶贫是对贫困人口个体的帮扶,着眼于贫困人口个体未来的生产和生活,关注贫困人口持续发展能力的培养,确保扶贫成效可持续性的需要,是一种长远性的扶贫,符合后扶贫时代贫困人口个体发展的长远之需。经济学家舒尔茨认为:"土地本身并不是使人贫困的主要因素,而人的能力和素质却是决定贫富的关键。"③阿玛蒂亚·森认为,良好教育、优质培训可以提高穷人自身能力,使其获得更高收入,摆脱贫困成为可能。④ 职业教育作为教育的一种类型,除了关注人的生存问题之外,亦应关注更高层次的人的"存在"问题,即乡村居民个体生活质量之提高、精神生活之丰富等等。⑤ 唯有通过职业教育,让贫困人口获得一技之长,转变观念,改掉陋习,才能适应社会

① 陆汉文、杨永伟:《发展视角下的个体主体性和组织主体性:精准脱贫的重要议题》,《学习与探索》2017 年第 3 期。
② [印度]阿玛蒂亚·森:《以自由看待发展》,任赜、于真译,中国人民大学出版社 2002 年版,第 71 页。
③ [美]舒尔茨:《论人力资本投资》,北京经济学院出版社 1990 年版,第 44 页。
④ 陈春霞、石伟平:《职业教育精准扶贫的实践效能与治理路径——面向"消除贫困"的未来图景》,《河北师范大学学报(教育科学版)》2020 年第 2 期。
⑤ 谢元海、闫广芬:《乡村职业教育的应然价值取向:生计、生活与生态——以乡村振兴战略为视角》,《教育发展研究》2019 年第 1 期。

发展之变化,防止返贫,实现可持续脱贫和精神面貌之改变。

（二）社会发展的现实之需

反贫困是后扶贫时代乡村振兴的重要任务和基本要求,预防返贫和实现可持续脱贫的关键是要推动乡村经济的发展,但由于自然地理等多重因素,迄今为止,大多数乡村地区基础设施薄弱、产业结构单一的问题仍较突出,乡村经济发展呈现"相对滞后"的发展困境。加快乡村经济发展需要通过发展职业教育来为其提供技术和人才支撑,因此,职业教育反贫困是乡村经济发展,尤其是产业发展的现实之需。

从产业扶贫角度来看,大力振兴乡村产业是实现乡村经济发展的第一要务。"乡村振兴,产业兴旺是重点",要"强化乡村振兴人才支撑"。[1]产业扶贫是提高贫困人口自我发展能力的有效方式和调动贫困人口参与脱贫致富的重要动力。因此,产业扶贫是预防返贫和实现可持续脱贫的重要手段,是探索脱贫致富的内生性机制,是变"输血式扶贫"为"造血式扶贫"的关键路径。[2] 产业的发展壮大需要现代技术和技术人才。农业经济的转型升级,正面临人才短缺问题的困扰,强化人才对产业的支撑作用不可忽视。[3]随着技术的进步,乡村农业发展所需的劳动力逐渐减少,从土地中解放出来的剩余劳动力迫切需要通过乡村职业教育获取某种技能,逐步地转移到乡村第二、第三产业中;乡村工业的发展、乡村旅游业等乡村地区特色资源的开发、产业发展水平的提升等都需要职业教育提供技术和人才支撑。

通过增长能力和技能来改变乡村居民贫困的生活状态,把"职教扶

---

① 中共中央党史和文献研究院编:《十九大以来主要文献选编》(上),中央文献出版社 2019 年版,第 175 页。

② 张慧君:《赣南苏区产业扶贫的"新结构经济学"思考》,《经济研究参考》2013 年第 33 期。

③ 孙岿:《产业援疆与人才援疆良性互动发展研究:以大连市对口支援八师石河子市为例》,《大连民族大学学报》2018 年第 2 期。

贫"作为重要抓手，可以改善这些地区的教育结构，提升教育整体水平，提高贫困人口素质，真正变"输血"为"造血"，从而促进贫困地区资源开发、产业建设和劳务输出，从根本上帮助贫困群众自立自强，尽快脱贫致富。① 因此，乡村职业教育反贫困对整个乡村社会发展产生了深远的社会影响，从长远来看，有利于乡村社会的稳定和可持续发展，同时有利于大面积提高国民的整体素质，可以在一定程度上缓解贫困地区人口压力所引起的各种问题，包括有限的土地资源的利用；有利于贫困地区环境的保护，促进生态恢复和各种再生资源的生长等等。②

本章小结

发展乡村职业教育是实现乡村现代化的重要保障，乡村职业教育在乡村社会发展中承担着新的时代使命，乡村振兴发展对乡村职业教育亦提出新的需求。乡村职业教育的发展应嵌入乡村振兴发展中，契合乡村社会和乡村居民个体两大需求主体的具体诉求。从乡村社会个体来看，不同的群体有不同的职业教育需求，乡村职业教育应该着眼于乡村不同群体的生计和生活的职业教育需求来发展；从乡村社会发展的角度来看，乡村经济振兴、产业结构的调整升级需要发展乡村学校职业教育培养各类人才；乡村文化传承需要乡村职业教育发挥应有的作用并培养文化传承人才；此外，作为与乡村社会联系最为紧密的教育类型，乡村职业教育是乡村反贫困最为有效的路径，乡村可持续发展需要乡村职业教育发挥反贫困作用，提高乡村人口素质和能力，进而推动乡村社会的发展。

---

① 刘瑜：《教育与贫困——以一个民族村寨的调查为例》，《山西农经》2016 年第 6 期。
② 李有发：《教育扶贫的现实依据及其对策》，《哈尔滨市委党校学报》2006 年第 2 期。

▶▶第六章　嵌入与融合：乡村职业教育的价值旨归与路径设计

社会要发展，教育须先行。"教育先行"不仅作为观念已为世界上绝大多数国家所接受，而且也早已化为政策和法令渗透到日常生活的各个层面。[①] "教育先行"的世界潮流已然清楚地表明：教育绝不能只充当社会的"传声筒"，而应努力使自己变成引导社会前进的"指示器"，肩负起以现代意识唤醒自觉、合理地配置教学资源以促进社会生活全面劲进的重任。西方改造主义教育流派指出，教育要介入社会的改造，推动社会的变化，实现社会的理想，其核心思想是："社会需要进行持续不断的改造和变化；社会的改造和变化涉及教育的改造和变化，而且社会改造的实现需要利用教育。"[②]教育要介入社会的改造，意味着教育要主动承担起具有现实意义的任务。而在乡村振兴战略大背景下，乡村职业教育是实现乡村振兴的重要手段。《中共中央、国务院关于实施乡村振兴战略的意

---

① 联合国教科文组织国际教育发展委员会编著：《学会生存——教育世界的今天和明天》，华东师范大学比较教育研究所译，教育科学出版社1996年版。

② 陆有铨：《躁动的百年——20世纪的教育历程》，山东教育出版社1997年版，第37页。

见》强调：实施乡村振兴，必须要优先发展农村教育事业，大力加强职业教育与培训。① 乡村职业教育介入乡村振兴发展之中是新时代乡村社会发展的需要和时代的要求。乡村振兴发展，需要现代技术、需要掌握现代技术的各类人才，乡村职业教育正是培养各类技术技能人才的实践教育形态，与此同时，乡村职业教育的发展本身也是乡村振兴的一个方面，因此乡村职业教育应介入到乡村发展之中，服务于乡村振兴。这就需要探讨嵌入乡村的职业教育是什么，包括它的时代内涵、基本特征、基本体系、价值取向以及如何嵌入乡村，即基本的发展路向及发展路径。

第一节　嵌入乡村的职业教育内涵

长期以来，乡村职业教育的基本定位就是为农村经济社会发展服务，尤其是为农业发展服务。而随着乡村社会的发展和产业结构的调整，尤其是现代农业的发展，乡村职业教育的传统定位已然不能适应时代的要求。作为与乡村社会发展联系最为紧密的教育类型，乡村职业教育在提升乡村居民文化素质与就业技能，推动乡村社会发展，尤其是为县域产业结构调整升级以及促进县域支柱产业、特色产业的发展提供人才与技术支撑等方面有着重要作用。随着时代的发展，中国乡村迎来了前所未有的大发展时期，乡村经济社会发生了巨大的变化，发展乡村职业教育是实现乡村振兴的重要保障，乡村振兴发展对乡村职业教育提出新的要求，乡村职业教育被赋予了新的时代内涵，探寻乡村振兴背景下的乡村职业教育发展，需要重新厘定其内涵与形式。

---

① 中共中央党史和文献研究院编：《十九大以来重要文献选编》（上），中央文献出版社 2019 年版，第 169 页。

一、乡村职业教育内涵的演变历程

晚清已降，中国的农业生产技术开始落后于西方。西方自然科学的发展带来了农业技术的革新，但我们的农业耕作制度仍"因袭着几千年以来的古法，与近世科学差不多还不曾接触着"[①]。直至甲午战败后，一批有识之士开始觉醒，"变法"与"兴学"成为浪潮，并将目光投入中国乡村，关注乡村职业教育与农民生计，认识到西方"商业之盛，本于工；工事之盛，本于农"[②]，认为"振兴农工，实富强之本"[③]，农业职业教育便伴随这一浪潮而来。张謇提出："立国之本不在兵也，立国之本不在商也，在乎工与农也，而农为要。盖农不生则工无所作，工无所作则商无所鬻，相因之势，理所固然。"[④]陈炽在《庸书》中提出"农非学，无以辨菽麦，别肥饶，尽地力"[⑤]，强调农学之重要。康有为亦曾上书"请开农学堂地质局，以兴农殖民而富国本"[⑥]，他认为兴农学有助于国富民强，奏请设立学堂，各地人民广泛参与学习农学事务。张之洞提出"今日欲图本富，首在修农政，欲修农政必先兴农学"[⑦]，主张遍设农务学堂，向农民传授植物学、农业机器学、农业化学等方面的知识，提高农民的文化水平，从而振兴农务。[⑧] 1898 年，在张之洞的主导下，国内第一所农务学堂——湖北农务学堂正式成立，开启了中国近代农业职业教育的先河。[⑨] 彼时乡村职业教育主要是以农业职业教育为主，但不排除工业、商业和家事教育等类别。

---

① 丁守和：《辛亥革命时期期刊介绍》，人民出版社 1982 年版。
② 中国史学会主编：《戊戌变法（三）》，神州国光社 1953 年版，第 301 页。
③ 虞和平：《经元善集》，华中师范大学出版社 1988 年版，第 248 页。
④ 张謇研究中心、南通市图书馆编：《张謇全集》第四卷，江苏古籍出版社 1994 年版，第 13 页。
⑤ 赵树贵、曾丽雅编：《陈炽集》，中华书局 1997 年版。
⑥ 吴祖鲲、刘小新：《中国近代农业教育的兴起及其特点》，《长白学刊》2003 年第 6 期。
⑦ 苑书义、孙华峰、李秉新主编：《张之洞全集》第二册，河北人民出版社 1998 年版。
⑧ 吴国荣：《清末民初职业教育研究》，中国社会科学出版社 2015 年版。
⑨ 李国杰：《中国高等农林教育可持续发展战略研究》，辽宁人民出版社 2008 年版，第 266—267 页。

民国初年，教育部公布《实业学校令》，规定实业学校"以教授农工商业必须之知识技能为目的"，分农业学校、工业学校、商业学校等；其中农业又分为作物、蚕业、森林、兽医、水产学校等，职业教育的类别有农业教育、工业教育、商业教育和家事教育等。① 费孝通就曾这样描述工业教育引入农村，"就是那个时候（1936年左右），江苏的蚕桑学校在农村里推广技术改革，我的姊姊参加这个工作，把机器缫丝输入了农村，在这个村里帮助农民办了一个小型合作丝厂，提高了生丝的质量，使缫丝这个生产过程还是留在农村里"②。他指出："村子里有一个小工厂，好处是太多了。……这种小工业等于是一个开设在农村里的技术学校，不断地培养出技术工人来，当时向外输送的旧友20多个。"③1926年之后，梁漱溟、晏阳初、陶行知等先进知识分子在乡村建设运动中逐渐发掘出乡村职业教育的巨大潜力，如陶行知主张"教育与农业携手"，使教育与农业合作，为农村经济发展服务，晏阳初在生计教育中开展农家实验以向农民传播必要的农业生产技术。

新中国成立后，从1952年到"文化大革命"结束，当时农业生产力低下，粮食生产是整个国家建设的基础。为恢复生产，国家积极创办农业职业教育，面向农村农业发展。农村职业中学的数量由1963年的3757所提高到1965年的54332所，三年内学校数增加了近15倍。④ "文化大革命"期间，农业职业教育的发展受到破坏，但还是面向农业农村发展的，其间农业部颁布了《中高等农业院校迁往农村办学》的通知，指出："中高

---

① 罗银科：《南京国民政府初期农村职业教育研究》，博士学位论文，东北师范大学，2008年。
② 费孝通：《江村经济》，戴可景译，商务印书馆2006年版，第262页。
③ 费孝通：《江村经济》，戴可景译，商务印书馆2006年版，第236页。
④ 《中国教育年鉴》编辑部编：《中国教育年鉴1949—1981》，中国大百科全书出版社1984年版，第181页。

等农业院校应当面向农村、面向农业生产,有计划地迁往农村办学。"①改革开放以来,乡村职业教育为现代农业发展培养技术技能人才,同时为适应农村劳动力外出就业的需求,乡村职业学校逐步由"向农"教育转向"离农"教育,为农村剩余劳动力转移提供相应的技术培训。乡村职业教育在徘徊中稳步发展,服务于农业现代化和乡村社会发展。

二、嵌入乡村的职业教育内涵特征

乡村职业教育是一个发展性的概念,在不同的发展时期有不同的内涵。在当下乡村社会快速发展的语境下,乡村职业教育应该被重新解读为一种"大职业教育""现代职业教育"和"多样化的职业教育"。② 从乡村社会发展对职业教育的需求分析可以看出,乡村职业教育不同于传统的农村职业教育,而是具有全新内涵的现代职业教育,是乡村社会发展的重要领域和推动力量,同时也是乡村居民个体持续发展的现实途径,其概念和内涵也随着时代的发展而被赋予新的内容。

(一)多样性和多元化

服务于乡村社会发展和满足乡村居民个体发展需求的乡村职业教育是多样性和多元化的。首先是办学的形式灵活多样,不限于学校的学历教育,还包括各类职业培训和存在于乡村社会中乡村居民自发的技艺传承等;乡村职业教育采用多种灵活的形式,尽可能地为乡村居民提供更多更实用的知识技术,为乡村社会发展提供技术支撑。二是办学层次的多样性,包括为乡村社会发展培养培训高中初级技术技能人才的各类职业教育与培训。三是乡村职业教育的专业和课程的多元化,围绕乡村社会

① 曹晔:《农村职业教育的价值取向:"离农"还是"为农"——基于历史变迁视角的考察》,《职教通讯》2012年第1期。
② 张胜军、张乐天:《新农村建设语境中的"农村职业教育"》,《教育学术月刊》2010年第8期。

发展的需要和乡村居民个体发展需要提供多元化的专业和课程,使人们可以根据自己的需要来进行选择。四是乡村职业教育的目标的多元化。从职业教育受教育者层面看,乡村职业教育既包括为个体就业服务,也包括为个体升学发展服务(主要是指接受更高层次的职业教育);从职业教育服务乡村社会发展角度看,既包括为现代农业发展服务,也包括为乡村二、三产业发展服务。可见,乡村职业教育不仅仅是指涉农的职业教育,还包括为乡村社会发展培育各类人才的职业教育,如为乡村旅游、乡村轻工业发展、乡村医疗卫生事业发展等培育人才,服务于整个乡村社会现代化发展。

(二)大众性与普惠性

乡村职业教育具有大众性、普惠性的特征,即乡村职教面向乡村社会大众,为不同的群体提供有差别的不同层次和类型的职业教育和职业培训服务。一方面,其服务的群体有乡村农业从业者(职业农民)、乡村初高中毕业生、乡村外出务工群体、乡村返乡就业创业群体、乡村手工艺群体、乡村干部等等;受教育群体最为广泛,几乎与乡村社会人人有关,与乡村社会事事有关。另一方面,乡村职业教育是乡村地区普及高中阶段教育和提高乡村居民受教育水平和年限最为有效和最重要的教育类型,同时,乡村职业教育还关注乡村社会的处境不利群体,如残疾人、女童、贫困群体等等,具有普惠性,惠及乡村最广泛的领域和人口。乡村职业教育还具有公益性特征,乡村职业教育以关注乡村社会普通基层群众和社会弱势群体为重点,让乡村社会居民获取谋生技能,能够有尊严地进行生产生活。

(三)地域性与乡土性

有学者指出"中国的地区差异并不比欧洲的国别差异小,各地区的政治、经济、文化、法律、历史等基础环境有着诸多不同"①。乡村振兴发展不能千篇一律、一个标准、一个模式，而应该从本地实际出发，因地制宜地选择发展模式，必须实事求是、突出特色。而服务于乡村发展的乡村职业教育是"与城市职业教育相对应，具有较强地域性，是指举办地点在农村的各类职业教育与培训活动，主要培养农村经济社会发展所需要的技术技能型职业人才"②。乡村职业教育应该根据乡村地理位置、自然条件、资源禀赋、历史文化等因素来发展，体现乡村职业教育的地域性与乡土性。

从乡村发展需求来看，乡村职业教育应该主动适应乡村区域社会经济文化发展对技能人才和技术的需求，即围绕区域内农业产业（包括分散经营的小农）、工业发展以及其他产业的发展需求，提供相应的职业教育与培训服务；同时还应满足乡村区域内不同群体的发展需求。中国乡村有其特有的经济、地理、人文等区域特点，作为最接近自然的场所，广阔的乡土空间里有众多的教育资源，如苏霍姆林斯基所说说："学校应当把大自然所赋予和人所能做到的一切都尽可能充分用于人的和谐发展，做到使大自然为人服务。"③

乡村职业教育是面向乡村的，就应体现乡土性，依托乡土资源实现特色办学。费孝通先生曾指出"从基层上看，中国社会是乡土性的。"④乡村的乡土性体现在经济文化等各个方面，乡村职业教育的发展应该紧紧地契合乡村社会发展、经济产业发展、文化传承等的需要，其专业设置和课程内容等应该体现乡土特色。同时，乡村职业教育的发展要以乡土资源

---

① 程方平：《推进省级立法，因地制宜发展职业教育》，《教育与职业》2007 年第 31 期。

② 教育部等：《关于加快发展面向农村的职业教育的意见》，《云南教育（视界时政版）》，2011 年第 11 期。

③ ［苏联］苏霍姆林斯基：《帕夫雷什中学》，赵玮等译，教育科学出版社 1983 年版，第 109 页。

④ 费孝通：《乡土中国　生育制度》，北京大学出版社 2007 年版，第 6 页。

为媒介传递新知识，使新知识能协调地与受教育者已有的经验相融合，让乡村职业教育成为与生活深度融合的教育、审美的教育，关乎人性、丰富个体感知觉和情感的精神教育，推动乡村经济、社会、文化、环境等乡村生态协同发展，实现人与自然的友好相处与互利共赢。

（四）参与性与实践性

参与式发展被广泛地理解为在影响人民生活状况的发展过程或是发展计划项目中的有关决策过程中的发展主体的、全面地介入的一种发展方式。[①] 乡村职业教育的发展应体现参与性，即作为乡村发展主体和乡村职业教育受教育主体的乡村居民的参与性。在乡村社会发展中，其核心是人的发展，只有具有自己意志、能力和工作的乡村居民才是乡村发展的主体，这就要求乡村职业教育坚持以人为本，以受教育对象的需求为根本来办学，乡村居民积极、主动地参与乡村职业教育的发展；乡村职业教育办学应尊重乡村居民的意愿，而不是"为其作主"，应体现自下而上的积极参与性。同时，作为乡村社会联系最为紧密的教育类型，乡村职业教育以技术知识为重，服务于乡村产业结构调整，教育生产性、实践性特征凸显。乡村职业学校的职业教育专业设置与乡村社会发展相匹配，为乡村社会发展培养各类技术技能人才；乡村职业培训在乡村生产一线的田间地头开展；职业教育的生产性特征及其校企合作培养模式，使得职业教育与地方经济社会发展之间成为"相生相伴、互利共赢"的双向互动关系。

通过对近代乡村职业教育的发展与乡村建设的关系的梳理、乡村社会变迁与乡村职业教育的关系分析，以及对当下乡村职业教育发展困境的调查解剖和乡村社会发展对乡村职业教育的需求分析，我们认为，乡村职业教育应该既要坚持服务农业、农村、农民发展的目标，又要适应乡村

---

① 黄磊、胡彬：《参与式发展理论：一个文献综述》，《大众科技》2011 年第 11 期。

社会发展的时代要求，成为层次多重、形式多样、类别多种、内容丰富的教育类型。

　　本研究所指的乡村职业教育概念涵盖以下几个要素，第一，从区域范围上看，乡村职业教育是县域范围内职业教育，即乡村职业教育是办在县域范围内的一种"在乡"的职业教育；第二，从服务产业发展的角度看，乡村职业教育应该是服务于整个乡村经济发展的，既要服务于农业及其相关产业的发展需要，又要服务第二三产业以及一二三产融合发展的需要；第三，从教育形式来看，乡村职业教育是大职业教育，包括学校学历职业教育、乡村职业培训以及存在于乡村社会民间的"师徒传承""父子传承"等形式的乡村社会职业教育；第四，从教育对象来看，乡村职业教育是面向乡村群体居民的；第五，从培养目标来看，乡村职业教育涵盖了培育初、中、高级技术技能人才等，是以服务乡村发展为目的的，培养能留在乡村发展的各类技术人才的"为乡"和"留乡"的职业教育。

　　综上，在乡村振兴战略背景下，县域范围内服务于乡村社会发展的职业教育与培训都应该纳入乡村职业教育的范畴：从横向来看包括学校学历职业教育、职业培训以及社会自发的职业传承，即主要由乡村学校职业教育、乡村职业教育培训以及乡村民间技艺职业传承等多种形式组成，具有培育初、中、高级技术技能人才的层次性、学历教育与职业培训的系统性和乡村民间技艺自主传承的开放性。从纵向看，乡村职业教育主要包括县—乡—村三级的职业教育与培训，是为乡村社会发展提供智力支持和人才保证的教育类型。[①]

---

　　① 谢元海、闫广芬：《乡村振兴背景下的乡村职业教育发展研究——基于三种形式的乡村职业教育分析》，《中国职业技术教育》2019 年第 12 期。

三、嵌入乡村的职业教育形式

如前所述,乡村振兴发展背景下的乡村职业教育具有一定层次性、系统性和开放性,自成体系,形式多样,有制度化、正规化的学历教育形态和非制度化非正规化的职业培训的教育形态。以兴国县为例,目前乡村范围内的乡村职业教育主要有三种形式,即中等职业学校的学历教育、职业培训和乡村社会中自发自主的传统技艺传承(如表 6-1 所示)。

表 6-1 乡村职业教育的主要形式

乡村职业教育形式	主要对象	主要内容	传授方式
乡村学历职业教育	高中阶段适龄青少年	与乡村社会经济发展相关的专业	学校教育、学历教育
乡村职业培训	乡村居民	各类技能培训	短期培训
乡村社会职业教育	手艺人、工匠等	各类传统技艺	家族传承、师徒传承

(一)学历职业教育

学历职业教育主要是指国民教育序列中全日制的中等、高等职业教育。其中高等职业院校、农业大学、地方应用型高校等也面向乡村社会发展培养高等技术技能人才,但不纳入本研究所指的乡村学历职业教育。所以乡村职业教育的学历职业教育主要是指乡村范围内的中等职业教育,其范围广泛,教学机构包括中等专业学校(中专)、技工学校(技校)、职业高级中学(职高)、成人中等专业学校,面向初中或同等学力毕业生招生,为乡村社会发展培养初、中级技术人员和管理人员等。

当前承担乡村职业教育学历教育的最为重要的载体有 20 世纪 90 年代兴起的县级职教中心,根据相关统计,目前全国共有县级职教中心1800 多所,这是乡村职业教育发展的主要阵地。县级职教中心的存在形式又主要有两类：一是单纯的县级职业教育办学实体的职业学校；二是综合性职业教育机构。这类职业教育机构既有学校实体性质，又有行政管理和统筹职能，是在县级政府领导下，集中乡村内各类中等职业教育资源实行统一办学，同时发挥技术推广、科技实验、文化传承等功能，还负责在政府领导下对乡镇成人学校办学进行业务指导和统筹协调。综合性的县级职业教育机构应该是未来统领乡村职业学校改革的主要方向，有助于统筹乡村范围内的乡村职业教育。

（二）乡村职业培训

职业培训是非学历职业教育，是指以获取某种职业从业知识、专业技能等为目的的培训或学习过程，主要有政府部门举办或委托相关机构举办的各类财政补贴性职业技能培训和社会上相关机构举办的营利性质的职业技能培训，如各类资格证书培训、考试培训等。乡村职业培训仅指政府部门举办或委托相关机构举办的面向乡村居民群体、服务乡村社会发展需要的各类具有公益性质的短期技能培训。

乡村职业培训主要有以下几类乡村职能部门开展职业培训：农业部门开展的服务于乡村振兴的农民教育培训，如新型职业农民、农村剩余劳动力转移培训、农村实用人才培训、农业经理人培训、农业科技培训等；人社部门组织开展的为乡村经济发展服务的各类技术培训、返乡农民工培训、各类创业培训等；妇联开展的针对乡村女性的职业技能培训，诸如月嫂培训、保姆培训等；民政部门、扶贫部门开展的针对乡村贫困群体开展的技能培训等；卫生部门开展的针对乡村卫生人才的专门的职业技术培训等；还有就是经人社等部门批准的各类民营社会培训机构，承办政府购买的职业培训项目。县级中等职业学校是乡村职业培训最为主要的机构，面向乡村社会和乡村不同群体开展各类职业技术培训，但是从各级各类职业技能培训规模情况看，其份额在乡村培训市场中占比较少，仍主要侧重于学历教育,职业培训的社会服务功能没有得到充分发挥。

（三）乡村社会职业教育

乡村社会职业教育是指乡村地区民间技艺的传承,这些乡村技艺主要通过师徒相传、父子传承等形式进行传承,是乡村社会自发性自主性的职业传承。乡村社会职业教育属于非制度化非正规化的教育形态,这种非制度化非正规化的教育对乡村传统技艺文化的传承有极大的影响。在传统的乡村社会中,乡村的生产技能、手工技艺等都是通过非制度化非正规化的教育,即乡村民间自发的传承形式来实现的,如刺绣、剪纸、木雕、石雕、泥塑、曲艺、地方戏等,这些传统技艺的职业训练过程贯穿在实际劳作的过程中。同时,乡村中很多人以此为职业进行谋生,如各种乡村工匠、乡村郎中等,从1934年对江西等省的调查可以看出这种情况（表6-2）。

进入工业社会后,以机器大生产为特征的工业经济取代了自给自足的小农经济,对各类技术技能人才的需求大量增加,学校的职业教育应运而生。但是广大的乡村地区,除去农业生产技术外,大多数传统的手工技艺等依旧依靠乡村社会自发的师徒传承、父子传承;同时,现代职业学校也没有开设这些专业。可见,乡村社会职业教育是与乡村生活融为一体的,这些植根乡村的民间手工技艺,是乡村经济的一种类型,伴随着农耕文明、自然经济延存数千年之久,是传统文明的重要内容,而这些传统手工艺是历史文化的积累,是人类社会中劳动人民在劳动中逐渐形成的、不断发展的一种历时持久、在民间生活中传递的文化形式。[1]

---

① 王志勇:《民间工艺的表象与传承价值》,《美与时代》2003年第10期。

表 6-2　农村各种家庭手工业所占比重①

	占手工业总数的百分比	占农民总数的百分比
合计	100	31.95
纺织	92	30
木匠	2	0.5
石匠	1.5	0.5
篾匠	1	0.25
泥水匠	1.5	0.03
理发	0.5	0.01
裁缝	1.5	0.03

四、嵌入乡村的职业教育体系构建

乡村振兴发展需要完善的乡村职业教育体系为其提供技术技能人才支撑。党的十九大报告中着重强调要"完善职业教育和培训体系,深化产教融合、校企合作"②。在乡村振兴背景下,乡村职业教育被赋予了新的内涵,应探寻以县城为中心、乡镇为纽带、农村为腹地的横向衔接,纵向贯通的乡村职业教育体系,全方位服务于乡村振兴发展。

从横向来看,科学统筹发展乡村学校职业教育、乡村职业培训和乡村社会教育等各种形式的职业教育,根据乡村社会发展和乡村居民个体发展的职业教育需求,坚持学历教育与技能培训并举、全日制与非全日制并重的办学模式,建构与乡村经济相契合的职业教育体系。从纵向来讲,建立县、乡、村三级相衔接的乡村职业教育体系,对村、乡、县三级农业职业

---

①　彭泽益编:《中国近代手工业史资料(1840—1949)》第三卷,生活·读书·新知三联书店1957 年版,第 780 页。

②　习近平:《习近平著作选读》第二卷,人民出版社 2023 年版,第 38 页。

教育进行统筹管理,联动发展,优势互补。比如,乡村职业教育将学习场所设在生产一线、田间地头,让乡村居民在实践中增长技能和职业归属感,以此提高乡村职业教育的实效性和针对性,切实地服务乡村发展。

一是依托乡村职业教育资源建立科技学院,作为统筹乡村范围内乡村职业教育与培训的专门机构①,切实解决县级中等职业教育管理体制不顺畅、职业教育与培训相脱节等问题。科技学院下设中等职业学校和职业培训学院两部门,中等职业学校负责统筹乡村范围内的中等学历职业教育的发展,县级职业学校在授课的同时,还要发挥好带头作用,对乡镇和村做好培训和指导工作。一些有条件的乡镇和村,可以将当地职业技术学校列为县级职业学校的分校或流动教学点,由县级学校进行垂直管理。职业培训学院负责乡村范围内的乡村职业培训,根据乡村范围内农村经济社会的发展制定农村职业培训的内容,指导乡镇、村一级的职业培训。

二是在乡镇一级建立乡镇职业技能培训学校,围绕乡镇特色农业、支柱产业开展技能培训,为乡镇经济发展培训人才。尤其是要开拓涉农职业培训领域,为留守农民、返乡农民工、退伍军人等不同群体提供适合的培训,扩大生源范围。对在岗的新型职业农民、农业职业经理人、农场主等开展在职培训,及时反馈问题,补充在实际生产和生活中所需要的实用技术。

三是建立村级乡村职业技能教学点。针对乡村居民居住分散、学习与生产兼顾的特点,建立村级职业文化技能教学点,将职业教育深入田间地头,使广大乡村居民可以边学边问边干,帮助乡村居民做到集中学习与农业生产交替进行,实现学用结合、学以致用。由此建立横向的学历职业

---

① 谢元海、杨燕萍:《乡村振兴背景下的乡村职业教育发展路径研究——基于县域经济发展的职业教育需求分析》,《成人教育》2019 年第 10 期。

教育与职业培训相协调,纵向的县、乡、村三级职业教育与培训体系,全方位地服务乡村人才振兴。

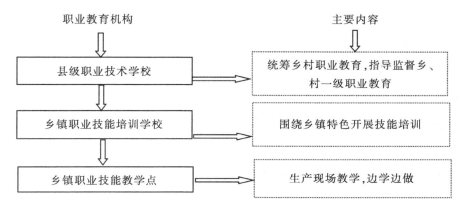

图 6-1　乡村职业教育纵向体系简图

第二节　嵌入乡村的职业教育应然价值取向

价值取向属于价值哲学领域的重要概念,是价值主体在进行价值活动时指向价值目标的活动过程,反映主体价值观念变化的总体趋势和发展方向。① 乡村职业教育价值取向是指乡村职业教育价值主体在确立其价值目标和价值预期时所呈现的价值倾向,直接关系到乡村职业教育的发展方向,是乡村职业教育发展的出发点和落脚点,其决定着乡村职业教育的人才培养的定位、教育内容的选择以及对乡村社会发展的作用。厘清乡村振兴战略背景下的乡村职业教育价值取向问题,正确把握乡村职业教育的发展定位,既是当前乡村职业教育改革发展的内在需要,也是推动乡村职业教育服务于乡村振兴发展的基本要求。

---

① 阮青:《价值哲学》,中共中央党校出版社 2004 年版,第160页。

应然的意蕴是指根据事物自身特征,解读应该是什么或者应该怎么样。① 职业教育的价值问题关涉的是职业教育应当怎样,是一种应然分析,应该诉求这样的价值引导:"一是要造福个人的美好人生和美好生活,二是要造福社会和追求社会福祉。"②作为实现乡村振兴的重要路径,发展乡村职业教育事关乡村居民的生计、生活以至整个乡村生态,需要按照乡村振兴战略提出的产业兴旺、生态宜居、乡风文明、治理有效、生活富裕的总要求,着眼于乡村振兴的长远追求来确立乡村职业教育的价值取向,而只有回归乡村居民的生计、生活并最终回归乡村生态的价值取向才是乡村职业教育的应然的终极价值取向。

一、生计价值取向:聚焦工具理性之初衷

民惟邦本,国以民为上,民以生为先。民生之最重要最困难问题,莫若生计。而求根本上解决此问题,舍沟通教育与职业,无所为计。③ "生计教育"是黄炎培职业教育思想之一④,他认为生计问题是中国面临的最大问题,而解决生计问题的希望在于发展职业教育。他将"为平民谋幸福"列为"办职业教育须下三大决心"之首,即职业教育"本身是平民化,是为解决平民生计而产生出来的"⑤。

乡村职业教育应切合实用,发展能力,"授人以学识、技能而使之生存于世"。⑥ 传授某种职业知识与职业技能是它的主要使命,而职业知识与技能则是人实现自身价值并创造更多价值的一个重要前提条件。因

---

① 李道军:《法的应然与实然》,山东人民出版社 2001 年版,第 1—27 页。
② 樊改霞:《教育与公共性:公共教育的现代转型》,福建教育出版社 2012 年版,第 132 页。
③ 中华职业教育社编:《黄炎培教育文集》第二卷,中国文史出版社 1994 年版,第 182 页。
④ 彭干梓:《论黄炎培职业教育思想核心价值体系》,《温州职业技术学院学报》2009 年第 1 期。
⑤ 中华职业教育社编:《黄炎培教育文集》第四卷,中国文史出版社 1994 年版,第 233 页。
⑥ 黄炎培:《新大陆之教育》,商务印书馆 1917 年版,第 5 页。

此，乡村职业教育必须以人的生存发展作为其基本的价值取向，应该以人为本，着眼于受教育者的生涯发展，服务于乡村居民的生计。乡村职业教育的生计价值取向应根据职业农民、外出务工群体、初高中毕业学生、乡村手工艺匠人等不同群体的职业教育需求，开展有针对性的乡村职业教育与培训，让其获得具体的谋生和发展技能，让乡村社会中"无业者有业，有业者乐业"，实现人人有所可为，即作为个体的"人"的生计目标。通过接受职业教育可提升乡村处境不利群体的人力资本水平，保障就业，从而提升其生存与发展的能力。① 乡村振兴中要优先保障乡村困难群体、妇女女童、残障群体接受职业教育的权利，让乡村困难群体获得谋生技能，防止脱贫后返贫问题。具而言之，乡村职业教育应该坚持参与式发展之理念，其办学的具体形式、专业设置、培训项目设置、具体授课方式等应该充分听取广大乡村居民的意见。从"为乡村居民做主"转变到"让乡村居民做主"，让乡村居民参与到乡村职业教育和培训中去。同时整合乡村范围内的职教资源，依托县职教中心和各乡镇文化技术学校平台，构建县、乡、村三级乡村职业教育体系，尤其是将乡村职业教育开办到田间地头，体现乡村职业教育随时随处学习的特点，服务于乡村振兴发展。

二、生活价值取向：回归乡土生活之存在

职业教育作为教育的一种类型，除了关注人的生存问题之外，亦应关注更高层次的人的"存在"问题，即乡村居民个体生活质量之提高、精神生活之丰富等。陶行知先生曾指出，"当我们在中国办教育时，这种教育就应当是为了人民大众的生活需要和幸福解放的教育"②，提出了"教育

---

① 李尚群：《底层关怀视角下的职业教育问题》，《中国人民大学教育学刊》2012 年第 3 期。
② 《陶行知全集》卷一，四川教育出版社 1991 年版，第 570 页。

就是生活的改造"①,主张建设适合乡村实际生活的活教育。而逆城镇化、城乡一体化、乡村生活的重新复兴,是今后新型城镇化的一种大趋势,新型城镇化并不意味着把农民都迁到城镇居住,也意味着把乡村建设得更加美好,让生活在乡村的人也能达到城镇的生活品质,同时还能体会到乡间的绿色、休闲和泥土的清香。②

乡村职业教育源于乡村生活,同时又推动乡村社会的发展,不仅要着眼于乡村居民的生计,更应该着眼于乡村居民的生活和乡村社会的可持续发展,关注乡村居民"活着"的尊严和生活的质量以及建设家园的使命担当。人在自由自主的生命活动本质之外,还具有对于更好生活目标追求的发展性本质的意蕴。职业教育的价值在于让受过职业教育的人,能够在社会经济生活中诗意地栖居。③ 乡村职业教育的价值在于让乡村居民能够扎根乡土,在乡村"就地就业""就近就业",而非"离土离乡"的发展。

乡村职业教育的生活价值取向首先应着眼于乡村建设和乡村居民发展,服务于乡村产业发展。围绕乡村经济社会发展之需要,如对乡村现代农业、乡村工业、乡村第三产业进行合理布局和规划,通过发展乡村职业教育,为乡村产业发展培育各类人才,实现乡村"产业兴旺"。而唯有乡村产业兴旺了,才能实现乡村居民扎根乡土,在这一片乡土中有所可为、有所作为,实现作为社会的"人"的自我价值。再有,乡村职业教育应服务于乡村居民的精神生活,在乡村各类职业培训中将乡村民风民俗、家风家训、传统的匠人精神等融入其中;对乡村传统的地方戏曲、唢呐、山歌、

---

① 《陶行知教育文集》,四川教育出版社 2007 年版,第 210 页。
② 李培林:《中国乡村人口大规模向城镇集中阶段已过去》,《农村工作通讯》2017 年第 2 期。
③ 卢洁莹:《社会转型背景中职业教育价值定位》,《河北师范大学学报(教育科学版)》2008 年第 11 期。

舞龙舞狮等进行保护传承，为乡村培育一批本土文化艺术工作者，丰富乡村居民的精神文化生活，用传统而又生活化的教育手段来改变乡村不良风俗风气，营造文明的乡风乡俗。

三、生态价值取向：嵌入乡土乡情之情愫

法国社会学家皮埃尔·布迪厄提出了"场域"的概念，他认为在高度分化的社会里，社会世界是由具有相对自主性的"社会小世界"构成的，这些"社会小世界"就是具有自身逻辑和必然性的"社会关系网络"。① 乡村亦是一个固有的"乡村场域"，乡村社会中人与人、人与社会、人与自然之间的关系有其特定的运行逻辑，是一个自然的乡村生态系统。乡村职业教育的发展应该嵌入"乡村场域"中去，以强烈之人文关怀观照人与乡村社会的和谐共生，重构具有乡土气息的乡村生态，这是其终极的价值旨归。

乡村振兴是文化的复兴和精神的振兴，乡村职业教育的发展应该追求提高乡村居民的文化自觉和文化自信。中国传统文化是在乡村农耕文明的基础上产生和发展起来的，包括乡村社会中传统的精神和价值观念、生活和生产技艺等。手工艺品是人类运用手工技术，通过改造自然物，经过装饰和雕琢而制作成的人工产品，其不仅服务于人们的日常生活，更表达着人们的精神世界。② 在师徒传承、家族传承等形式的乡村职业教育传承中蕴藏的不只是制作方法和技艺，更多的是那些难以用文字和语言表述的传统智慧和生命哲学。教育本质在于文化传递与人性转换。乡村的传统文化和自然生活为乡村职业教育注入了无尽的资源与活力，乡村职业教育应该挖掘乡土文化、开发乡土教材，在整个乡村职业教育的课程

---

① 高宣扬：《布迪厄的社会理论》，同济大学出版社 2004 年版，第 137—141 页。
② 方李莉：《传统手工的现代价值》，《中华手工》2004 年第 1 期。

内容、教材开发以及教学培训中始终融入乡土乡情的教育。

乡村自然环境是乡村可持续发展的保障,乡村中的山水田园、农田屋舍、传统民居民建等构成了独有的乡土风景。乡村职业教育应融入乡村自然环境中去,在培养乡土审美情感和增强乡土环境保护意识等方面亦应承担重要使命,在乡村旅游开发、乡村规划、人居环境改善等方面都应灌输乡土环境保护理念,建设人与自然和谐共生的乡村生态,重构具有乡土气息的"生态宜居之乡",满足乡村居民对生态美好的追求。

乡村生态重构归根结底在人,不仅仅是拥有技术技能的人,而且是具有浓浓的乡土情怀的人。乡村职业教育的发展应注重乡土情怀的培养,为乡村发展留住人才、吸引人才。而所谓乡土情怀,是指一种发自内心的认同感、归属感,是一种责任与使命,即对于生于斯长于斯的故土及其文化的认同、传承与发展的内在情感,是一种自发自觉自愿的行为意识。乡村职业教育的价值取向并不是一定要阻止乡村居民的外流,而是希望接受过乡村职业教育的乡村居民不论走向何方,内心深处总是充满对生长于斯的故土的热爱和眷恋。尤其是乡村振兴背景下,越来越多的各类精英人才开始关注乡村的发展,深藏内心深处的那份乡土情怀吸引了大批从乡村走出去的精英人才回流乡村,使乡村发展重获生机,改变乡村"衰败之乡""逃离之乡"的现状,重构一个充满生机和活力、温暖而小康的乡土社会。

第三节　嵌入乡村的职业教育发展路径设计

从时代发展来看,党的十九大报告首次提出了乡村振兴战略,这一战略是中国新时代"三农"发展的总抓手,为中国"三农"发展指明了方向、明晰了路径。① 中国乡村进入了新的阶段，乡村职业教育的发展不能独立于乡村社会发展的时代潮流之外，而应嵌入乡村振兴发展中。乡村职业教育应该置于乡村振兴的时代背景下，着眼于乡村振兴发展的需求来设计其发展路径。从乡村自身生态来看，中国的乡村，不论大小，不论有多长的历史，也不论有多复杂的结构，都是一个文化共同体，这个文化共同体结合成一个特定的中国社会。乡村职业教育的发展应该嵌入到乡村内部生态，着眼于乡村的可持续发展来设计其发展路径。可见，乡村职业教育嵌入乡村社会既受外部的宏观环境和国家政策的影响，又受到乡村内部社会、经济、文化、环境等各要素的影响。乡村全面振兴涉及产业振兴、人才振兴、文化振兴、生态振兴与组织振兴，是一项系统工程，应将"自上而下"的国家发展乡村的各类资源与"自下而上"的乡村文化生态自觉结合起来。而其中衔接的关键是人，即乡村所需的各类人才，依靠乡村人才才能"上下结合"推动整个乡村的发展。发展乡村职业教育自然应该遵循这一基本的路径设计，从推动现代技术下乡、传承发展乡村传统文化技艺以及服务乡村人才发展等方面明确发展定位，从人才、技术和文化等多维度立体设计服务乡村全面振兴的具体路径。

一、乡村职业教育服务现代技术下乡

新时代，乡村振兴的关键是依靠现代技术来推动乡村发展，不管是现代农业的发展，还是乡村工业和第三业的发展都需要现代技术。乡村职业教育能够为产业发展提供技术技能型人才，这对于产业发展来说是有突出现实意义的。简言之，技术在乡村经济振兴中发挥着重要的作用，而乡村职业教育在技术研究与推广方面的价值显著，可以说乡村职业教育

---

① 姜长云等：《乡村振兴战略：理论、政策和规划研究》，中国财政经济出版社 2018 年版。

是乡村振兴重要的助推器。[①] 首先,从农业产业的发展来看,农业的现代化主要表现在技术现代化、机械设备现代化、经营管理方式现代化,究其根本在于农业劳动者素质现代化。调查显示,德国95%的农民受到过规范性的职业教育。其中,受过高等教育的占比10%;受过中等职业教育的占比31%;参加过职业进修教育的占比59%,高素质的农民为德国的农业现代化提供了有力的人才支撑。[②] 我国是农业大国,但是传统的向土里求生活的方式已无法满足生产力发展,落后的人力资本使得农业的发展主要依靠物质和劳动力数量投入,农业产业难以升级。其次,随着乡村产业结构调整,乡村工业和乡村第三产业的发展亦需要现代技术的支撑,而乡村职业教育是沟通现代技术与乡村发展的桥梁,承担为乡村发展提供技术支持的时代使命,立自上而下地推动现代技术下乡、推广与传播,为乡村振兴发展提供现代技术支持。可见,推动现代技术下乡是乡村职业教育服务乡村振兴的时代要求。

二、乡村职业教育服务传统技艺自觉

乡村不仅是一个综合的经济实体,也是一个社会,而且是文化共同体结合成的一个特定社会。[③] 这个特定的乡村社会是传统文化技艺的载体,兼具自然性与人文性 是一个以乡土为根基的具有乡土气息的乡村文化技艺生态系统。文化自觉是指生活在既定文化中的人对其文化有自知之明,明白它的来历、形成的过程、所具有的特色和它发展的趋向。[④] 乡

---

① 杨芳:《探析乡村旅游促进旅游职业教育的创新性发展》,《教育现代化》2018年第29期。
② 柳一桥:《德国农业职业教育对我国新型职业农民培育的启示》,《农业经济》2018年第4期。
③ 罗康隆:《文化自觉视野下的乡村营造——以天柱潘寨为个例》,《原生态民族文化学刊》2016年第1期。
④ 费孝通:《中国文化的重建》,华东师范大学出版社2015年版,第35页。

村传统文化技艺自觉是基于对乡土文化的自信与认同，以及对文化批判立场的反思，它是对乡村传统文化的全面性、系统性、价值性传承，是乡村现代化建设的重要方面。同时，乡村文化公共性再造涉及乡村社会生活的方方面面，应坚持以人民群众为主体，把乡村社会各方面的力量调动起来。① 如日本"造村运动"的成功在于调动了村民自主性与积极性，焕发了村民热爱自己故乡的文化情怀，从而推动了乡村再造目标的实现。②

　　回溯中国乡村建设史，从社会主义新农村建设、美丽乡村计划到乡村振兴战略，始终离不开乡风建设。乡风文明是乡村振兴保障和基础。而纵观乡村社会变迁，城市消费主义的兴起及"乡村城市化"对乡村原生性文化的肆虐导致乡村生活意义的被消解和乡土文化价值的被抽空，是"三农"问题积重难返的重要根源。③ 因而，在新的时代条件下，对乡村优秀的传统文化技艺既要切实传承保护好，亦应推动合理适度发展，"充分发挥其在凝聚人心、教化群众、淳化民风中的重要作用"④。因此，乡村职业教育服务乡村振兴就应发动广大乡村居民，树立传统文化技艺自信，自下而上地推动传统文化技艺对接乡村振兴，实现传承与发展。推动文化技艺自觉是乡村职业教育的文化嵌入，文化技艺传承本身是乡村职业教育的一种重要形式，同时文化技艺又是乡村职业教育的重要内容和乡土资源。自下而上的传统技艺自觉源自以优秀传统技艺为代表的乡村优秀文化的自觉自信，同时也受到乡村居民个体受教育水平的影响。乡村职业教育需要融入乡土文化，传承与发展传统文化，增强乡村居民个体能力，以实现乡村居民的生活价值追求，以至整个乡村的生态价值。

---

① 张胜前：《转型期乡村文化"公共性"消解与再造》，《商业时代》2012 年第 27 期。
② 沈费伟、刘祖云：《海外"乡村复兴"研究——脉络走向与理论反思》，《人文地理》2018 年第 1 期。
③ 沈妩：《城乡一体化进程中乡村文化的困境与重构》，《理论与改革》2013 年第 4 期。
④ 中共中央党史和文献研究院编：《十九大以来重要文献选编》（上），中央文献出版社 2019 年版，第 166 页。

三、乡村职业教育服务乡村人才振兴

人才振兴是乡村振兴的关键,乡村人才是实现乡村振兴的内生动力。《中共中央国务院关于实施乡村振兴战略的意见》指出:"实施乡村振兴战略,必须破解人才瓶颈制约。要把人力资本开发放在首要位置,畅通智力、技术、管理下乡通道,造就更多乡土人才,聚天下人才而用之。"[①]2021年2月,中共中央办公厅、国务院办公厅印发了《关于加快推进乡村人才振兴的意见》,要求各地区各部门结合实际认真贯彻落实。作为与乡村社会发展联系最为紧密的教育类型,乡村职业教育是培养乡村振兴人才的重要途径。如何发挥乡村职业教育服务乡村人才振兴的作用,探寻乡村职业教育服务乡村人才的具体路径成为亟待破解的问题。

随着乡村产业结构的调整和新兴产业、第三产业的蓬勃兴起,新的职业岗位群不断出现,对人才规格的需求也呈现出多样化的趋势。目前的乡村产业从业人员文化水平比较低,技术水准也比较低,乡村职业教育应以更大的包容性、更高水平的要求、更灵活的方式对乡村不同群体进行职业教育与培训,促进乡村人才振兴。《2018中国高等职业教育质量年度报告》显示,2017年,250余所高职院校的1000个涉农专业点为乡村振兴培养了4万名技术技能人才。[②]但这远远不能满足乡村振兴的人才需求。《中共中央、国务院关于实施乡村振兴战略的意见》中提到,扶持培养一批农业职业经理人、经纪人、乡村工匠、文化能人、非遗传承人等。[③]乡村职业教育需要填补乡村实用型人才培养缺口。未来乡村对于人才能

---

① 中共中央党史和文献研究院编:《十九大以来重要文献选编》(上),中央文献出版社2019年版,第175页。

② 《2018中国高等职业教育质量年度报告》,《职业技术教育》2018年第35期。

③ 中共中央党史和文献研究院编:《十九大以来重要文献选编》(上),中央文献出版社2019年版,第176页。

力的需求是多元化的、综合性的,要求"三农"工作队伍不仅要带着专业知识,尤其要带着感情去实施乡村振兴战略。乡村职业教育的发展能够培养更多适应乡村发展的高素质人才。而乡村人才,向上可对接国家资源与现代技术服务乡村,推动乡村产业技术革新以及产业结构升级,向下可传承发展乡村优秀传统技艺文化,上下结合则可助推乡村振兴发展。

第四节　现代技术下乡之路
——职业教育"自上而下"服务乡村振兴的时代要求

早在 20 世纪三四十年代,中国的思想界就兴起了乡村建设的各种思潮,其中费孝通就提出了乡土重建思想[①],他提出通过发展乡村工业来增加农民的收入,将以农业为基础的已趋衰落的传统乡村"重建"为包含现代工业文明的工农相辅的"新农村"。费孝通认为既要重视农村和农民的内在潜力,也不能忽略外在力量对乡土工业发展的作用。因此,他提出了"现代技术下乡",呼吁"现代技术下乡"与乡村的生产事业结合起来,这就需要有适应乡村社会发展需要的职业教育。而乡村职业教育推动现代技术下乡的关键是嵌入乡村社会发展之中,密切与乡村社会经济建设的联系,增强职业教育服务乡村社会经济发展的适应性,提高其与乡村社会经济发展的契合度。在当前乡村振兴战略的总要求中,产业兴旺是重点,但囿于乡村工业基础薄弱、基础设施和产业要素集聚不足等现实困境,乡村产业振兴必须依托乡村大产业来支撑,乡村振兴战略为乡村经济发展指明了方向,同时要实现乡村振兴,也急需大力发展乡村经济。而乡村振兴背景下的乡村职业教育推动现代技术下乡的关键在于与乡村经济发展的契合性,即乡村职业教育应该适应乡村经济发展之需求。因此,以

---

① 《费孝通全集》第五卷,内蒙古人民出版社 2009 年版,第 1—141 页。

乡村经济发展的职业教育需求为切入点探寻乡村职业教育推动现代技术下乡之路，主要包括乡村学历职业教育服务现代技术下乡和乡村职业培训服务现代技术推广两个层面。

一、乡村学历职业教育服务现代技术下乡

乡村学历职业教育的重要使命是服务现代技术下乡，而为确保这一功能的发挥，同时针对当前乡村学历职业教育发展的多维困境，亟须改善乡村学历职业教育的办学条件。一是硬件建设方面，要加大投入，加强基础能力建设，进一步推动全省中等职业教育优质校和优质专业建设。二是加强乡村职业教育教师队伍建设，每年定向培养一批公费职教师范生；同时建立兼职教师队伍，每个县建立乡土专家数据库，全省建立乡土人才数据中心。三是探索县域乡村职业学校与优质高职院校合作，组建职教集团，开展集团化办学，实现中高职的贯通培养，为乡村振兴发展培养高层次人才。乡村学历职业教育的发展应以服务于乡村居民的生计与生活以及乡村振兴为基本的价值追求。依此价值追求，可从以下三个层面探寻乡村学历职业教育服务现代技术下乡的具体路径。

（一）服务产业发展需求，走对接发展之路

实现乡村振兴发展的关键在于乡村产业的兴旺，而产业兴旺需要大量的技术技能人才，换言之人才兴旺是产业兴旺的关键，是乡村振兴之根本。乡村学历职业教育在具体办学过程中应该注重专业与乡村产业对接问题，应融入乡村经济建设之中，围绕乡村主导产业发展的实际需求，实施专业与产业对接，使职业教育供给与乡村社会发展的技术需求不脱节，使其所培养的毕业生就近就业、就地就业。

首先，建立专业与产业对接机制和专业的动态调整机制。职业学校应立足乡村产业结构调整的需求，把握乡村产业结构调整的方向，积极呼

应、主动融入、有效对接产业发展，科学合理设置专业并适时进行调整。一是围绕乡村产业发展的需求，建立对接产业需求的特色专业群，如围绕兴国县的脐橙、油茶等农产品深加工以及配套的物流、电子商务等专业为集群打造现代农业服务类专业群；二是围绕承接东部产业梯度转移打造专业群，如纺织和电子专业群；三是围绕乡村旅游业、传统文化创意产业等打造旅游专业群等，推动各类现代技术下乡，培养集技术、经营、管理、服务于一体的综合型涉农人才。

其次，建立衔接有序的涉农专业链，实现专业与产业对接融合发展。乡村学历职业教育应根据区域产业链发展需要，突破农业产业升级的瓶颈问题，调整合并相关涉农专业，优化涉农专业结构。一是加强涉农专业与现代农业、乡村工业和乡村第三产业的衔接，促进一二三产业融合发展。二是以特色农业、现代农业、农业产业化发展为依据，不断调整人才培养结构，实行专业动态调整机制，避免专业设置的同质化，同时发挥乡村职业教育对新型职业农民的培训优势，为农业现代化培养技术技能型人才。

（二）建立多元办学模式，走融合发展之路

乡村职业教育的发展不仅仅是教育的问题，更是产业的问题、社会问题等，因此要树立大职业教育观，加强乡村职业教育与产业、与社会发展的联系，建立多元的办学模式，走融合发展之路。引导涉农企业、农业生产合作社参与乡村职业教育办学，实现多元主体之间的深度融合。而要实现不同的主体在乡村职业教育发展中由简单的合作到深度的融合，最为关键的是教学内容的融合和师资的融合。

教学内容的融合是提高乡村职业教育教学质量的基础，职业学校要在教学大纲的制定、教学模式的改革、科技研发与推广等方面与农业企业深度融合，一方面要让企业参与到人才培养模式的制定和具体的人才培养中；另一方面也要主动介入农业企业的发展中，了解掌握农业企业的人才需求。农业企业则要主动地将员工的在职培训纳入发展规划之中，参与到技术技能人才的培养中。

师资融合是乡村职业教育质量的保障，农业企业的技术骨干、"土专家"等应该引入职业院校授课，打通这些兼职教师到职业院校授课的绿色通道，提高兼职教师的待遇，从而激励他们深入学校开展技术交流与传播，维持农业企业技术骨干进校园的稳定性和知识传授的系统性。职业学校的教师则要积极参加农业企业培训，提高生产实践能力，及时更新知识储备，提高技术知识的时效性。

（三）围绕特色产业发展，走特色培养之路

我国土地面积大，乡村发展差异较大，因此，乡村经济的发展应该因地制宜发展特色产业。特色产业是乡村经济发展的关键，为乡村经济发展培养人才的乡村职业教育应围绕特色产业发展，有针对性地发展特色专业，进而创建特色学校，走特色培养培训之路。乡村职业教育的特色专业是增强职校吸引力的关键，其设置应该从乡村产业发展实际、乡村资源、传统底蕴等出发来开设，在此基础上创建特色职业学校，赋予学校特色以深厚、独特的文化内涵，形成浓郁的乡土气息和个性鲜明的办学模式和办学风格。以特色学校为载体，推动乡村职业教育内涵式发展，为乡村振兴培养专业人才，如农业职业经理人、乡村工匠、非遗传承人等，增强其服务乡村经济发展和乡村振兴的能力。

二、乡村职业培训推动现代技术推广

乡村经济社会的发展需要更多的新技能新技术予以支撑。早20世纪二三十年，晏阳初等在定县实验区的乡村职业教育内容就是紧扣农业技术的应用与推广这一主题，在实验区设立生计巡回实验学校，开展职业培训。因而，乡村职业培训是未来乡村职业教育发展的重要方向，其在乡村振兴发展中的作用也越来越大。而针对当前乡村职业培训存在的主要困境，亟须建立起乡村职业教育培训机构框架，即建立由县级政府主导的县域职业教育培训中心，通过整合县域内教育、人社、农业、民政、乡村振兴、工会、妇联等部门职业教育培训资源，打造县域职业技能培训通用平台，承担各类政府补贴性培训任务，送技能下乡，其主要内容应该以技术应用和推广为中心。

（一）建立现代技术推广机制

一是根据乡村产业发展的需要，制定现代技术下乡目录，如急需的互联网电商技术、农业技术、农业经营管理技术等等，并根据实际需要动态调整。二是制定现代技术下乡规划，开展现代技术下乡的职业培训。利用职业学校的校舍和师资，在调研的基础上，做好统一规划和部署，统筹乡村范围内的职业培训，使原来松散的职业培训变得规范化、常态化和科学化。三是打造一支稳定的乡村职业培训队伍。具体而言，需要培养引进乡村产业发展急需的各类技术人才，打造专职的技术推广师资队伍；根据乡村振兴发展的实际需要，仿民国时期晏阳初定县试验区的"表证农家"之做法，培养"乡土专家"。民国时期晏阳初定县试验区招收"平校毕业生及有同等学力、直接从事农业生产的乡民，训练一年时间，成绩较好者，即标列为其他农民的表证农家"[1]。"表证农家"的称号使乡民产生了荣誉感和责任感，他们当起推广人员，起到技术示范和现身说法的作用。当下我们可以将乡村地区的土专家、技术能人等培养成"乡土技术专家"，打造一支稳定的乡村职业培训兼职师资队伍，随时随地地传播推广现代技术。

---

① 熊明安、周洪宇主编：《中国近现代教育实验史》，山东教育出版社 2001 年版，第 459—460 页。

（二）完善现代技术推广体系

乡村振兴背景下，乡村职业培训应构建完善的现代技术推广体系。一是需要建立乡村职业培训机构，统筹乡村职业培训。当前乡村职业培训存在政出多门、培训内容同质化、培训效果不佳等问题，需要有统一的乡村职业培训管理机构统筹管理。可以依托县级职教中心等职业教育机构设立专门的职业培训中心，统筹县域范围内的现代技术推广。二是建立县、乡、村三级现代技术推广体系，即根据乡村发展需要开展职业技能培训，依托县级职教中心、乡村农技站、成人文化学校、村级技术推广站点等开展现代技术推广，将新技能新技术送到田间地头去，送到生产一线去。

（三）拓展现代技术推广渠道

一是运用现代互联网技术，实行互联网+技术下乡；创新培训方式，打造职业培训 APP，实现互联网+培训，让乡村民众随时随地接受技术指导。[①] 二是在调查研究的基础上，广泛开展各类实用技术培训，尤其是要着力打造培训品牌，为乡村经济发展提供人才支撑。职业培训是一项教育服务，打造培训品牌，旨在提高职业培训的成效。所谓培训品牌，从培训内容上看应该选取具有乡村特色的专门技能或者乡村发展急需的技能，有统一的培训大纲，培训内容科学化、系统化。近年来，兴国县打造的"兴国县表嫂""兴国县工匠""兴国县能人"等培训品牌，深受广大老百姓欢迎，培训效果也很好 接受培训者深受用人市场欢迎，这是非常成功的职业培训品牌打造。三是在农业"空心化"背景下，加大对农业技术推广的扶持，引进农业企业 实行产教深度融合，推广"学校 +企业+农户""学校 +基地 +农户"等模式，推动现代农业技术下乡。

---

① 谢元海、杨燕萍：《乡村振兴背景下的乡村职业教育发展路径研究——基于县域经济发展的职业教育需求分析》，《成人教育》，2019 年第 10 期。

第五节 传统技艺自觉之路
——职业教育"自下而上"服务乡村振兴的内生动力

乡村传统文化技艺自觉是通过乡村职业教育调动乡村居民参与乡村建设的自主性与积极性，是新时代乡村职业教育"自下而上"服务乡村振兴的内生动力和实践路径，其具体实践路向包括通过乡村职业教育集聚和传承乡村优秀文化技艺资源，切实提升乡村居民的综合文化素质，从而更好地满足广大乡村居民多样化的精神文化生活需求。乡村传统文化技艺传承发展是一项系统工程，需要通过发展乡村职业教育，挖掘整理乡村传统文化技艺资源，培养培训传承人才，对传统技艺进行工艺升级并与乡村经济发展紧密联系起来，回答乡村传统文化技艺传承什么、谁去传承、怎么传承的问题。

一、服务乡村精神文化反贫困

乡村职业教育利用自身的天然优势，通过村校共建、学校送技术和人才下乡，宣扬农耕文明和乡村优秀传统文化，培养良好的乡风、民风、家风，促进乡村优秀文化繁荣兴盛，不断提高乡村社会文明程度和乡村居民的综合文化素质，为乡村振兴提供精神支撑。随着全面建成小康社会如期实现，乡村地区进入后扶贫时代，精神文化反贫困是后扶贫时代乡村反贫困的必由之路。贫困文化论认为，贫困文化是贫困群体在与环境相适应的过程中产生的行为反应，并且内化为一种习惯和传统文化，它的特点是对自然的屈从感、听天由命、对主流社会价值体系的怀疑等。[1] 在这种

---

① 沈红、周黎安等：《边缘地带的小农——中国贫困的微观理解》，人民出版社 1992 年版，第187 页。

贫困文化的熏染下，形成一种低水平的经济均衡，并在乡村贫困地区一直延续。阿玛蒂亚·森认为，贫困的真正含义是贫困人口创造收入能力和机会的贫困。贫困意味着贫困人口缺少获取和享有正常生活的能力。①真正的反贫困行动，除了给予贫困者生存和生活保障，还应积极铲除人们陷入贫困的经济、社会和政治根源，帮助他们踏上发展的阶梯。② 贫困问题不仅是单纯的经济贫穷问题，而是综合的社会问题，这就要求在后扶贫时代注重相对贫困和多维贫困，重新审视现行的扶贫方式，改变以往单一的物质层面输入型扶贫方式，要防止"脱贫后返贫"的现象，注重贫困人口自身发展能力与抵御风险能力的提升，从人才、技术和文化等多维度综合思考反贫困的具体路径。

文化反贫困就是要通过乡村职业教育来改变这一现状，具体途径有以下两个方面。首先是乡村职业教育扶智。职业教育扶智有知识形态和技术形态。教育扶智，就是要通过职业教育的发展，提升乡村整体文化素质。一方面，让更多的乡村居民接受职业教育，对整个乡村居民受教育水平的提高有重要作用，有助于提高乡村居民文化素质。尤其是在现在高中阶段教育未普及的情况下，重点将发展职业教育作为乡村普及高中阶段教育的重要方面，让更多的乡村居民接受职业教育，提高受教育水平。另一方面，提升乡村居民的基本技术技能，提高其自我发展能力。其次是精神扶贫。一方面，通过接受职业教育，让乡村居民有了一技之长，增强其自信和勇气，激发致富的内在动力，使之精神面貌变得积极乐观。另一方面，在职业教育中传播新的思想观念和文化，移风易俗，引导新式风尚；传承传统优秀的民风民俗，诸如戏曲、山歌等等，提升乡村居民和乡村地

---

① 〔印度〕阿玛蒂亚·森：《贫困与饥荒》，王宇、王文玉译，商务印书馆2001年版。
② 刘一：《贫困的定义与我国反贫困问题思考》，《安徽农业大学学报（社会科学版）》2016年第1期。

区的精神文化生活，满足乡村居民多元化精神文化需求。

二、推动传统文化技艺资源整理与人才培养培训

乡村职业教育服务传统技艺的传承首先需要做的是对乡村传统文化技艺及其传承人等优秀文化资源进行挖掘整理，回答乡村优秀传统文化技艺传承中传承什么的问题。乡村传统文化技艺主要以口口相传的形式传承，缺乏文字资料，而掌握传统技艺的一代人已慢慢老去。一是将这些传统技艺转化成文字资料和影像资料，建立传统技艺档案；二是组织寻找传统技艺大师，积极发掘本土优秀民间艺人，尤其是非物质文化遗产传承人，建立传统技艺大师名册；三是开发乡土文化教材、开设乡村文化课程等，把乡村优秀文化作为乡村职业教育的重要内容，融入乡村职业教育中去。目前通过初步的调查统计，兴国县非物质文化遗产项目共有 17 大类计 370 多个子项目（见表 6-3），其中列入国家级非遗项目 1 项、省级非遗项目 6 项（见表 6-4），这些传统文化技艺都亟须通过职业教育来传承发展。

表 6-3 兴国县主要传统非物质文化遗产门类项目

序号	门类	项目数量
1	民间文学（3 项）	传说故事 27 个、兴国县地方童谣 30 首、兴国县地方谚语 840 条
2	民间音乐（4 项）	兴国县山歌、唢呐曲牌、兴国县南北词、兴国县"半班"（三角班）中的小调小曲
3	民间舞蹈（5 项）	南坑花灯、古龙岗狮子灯、耘田花鼓、禾杠花、麒麟狮象
4	传统戏剧（3 项）	端戏、提线木偶、三角班
5	曲艺（1 项）	兴江渔鼓
6	民间美术（4 项）	民间泥塑与绘画、民间木雕、民间石雕、民间剪纸；

续表

序号	门类	项目数量
7	传统手工技艺(25项)	剪纸、灯彩挂花、手工花轿、棉纸、引线、蓑衣、棕褥、倒蒸红薯干、手工陶瓷、弹棉花、方太腐竹、扎纸人、黄元米果、山茶油、城岗香糕、薄荷糖、擂茶、三僚豆腐、兴国县水酒
8	传统医药(4项)	草药、拔罐、火灸、小儿挑癠
9	民间信仰(5项)	三僚堪舆文化、拜神、巫术、招魂
10	生产商贸习俗(2项)	
11	消费习俗(2项)	四星望月、蝴蝶鱼
12	岁时节令(14项)	
13	人生礼俗(17项)	
14	杂技(1项)	
15	民间知识(2项)	
16	游艺传统体育与竞技(4项)	
17	其他(1项)	

表6-4 兴国县国家级和省级非遗项目一览表

	类别	名称
国家级非遗项目	传统音乐	兴国县山歌
省级非遗项目	传统美术	兴国县篆刻(第四批省级)
	传统技艺	兴国县鱼丝制作技艺(第三批省级)
	传统音乐	南乡大堂音乐会(第二批省级)
	传统戏剧	兴国县提线木偶(第三批省级)
		兴国县端戏(第四批省级)
	民俗	三僚堪舆文化(第二批省级)
		兴国县四星望月习俗(第五批省级)

　　乡村职业教育服务传统技艺的传承的第二步需要回答的是乡村优秀传统文化技艺谁来传承的问题。这就需要培养和培训乡村传统文化技艺传承人才，包括对现有的传统文化技艺传承人进行培训和通过乡村职业教育培养新的传承人才两个层面。

　　一方面是对现有的传承人进行培训。散居乡村的传统手工艺者，乡村各类非物质文化的传承人是实现乡村文化振兴的重要力量，但是这一群体多是松散的、自发的传承各类非遗文化技艺，乡村职业学校应为这一群体提供平台和机会。如开办乡村传统文化技艺传承人培训班，为乡村各类传统文化技艺传承人提供在职的学历提升和培训服务，通过让这些传承人和从业者等参加研修、研习和培训，提高传承人传承文化技艺的能力和水平，增强传承后劲。

　　二是培养乡村传统文化技艺传承人队伍。在乡村职业学校开设传统文化技艺的专业，加强相关专业建设，进而培养乡村传统文化技艺传承的各类人才。同时，在乡村中培养本土文化传承者，鼓励吸纳具有文艺专长、创意特长、工匠精神、热心基层建设的有志有为青年投身到乡村文化建设中，强化新生代乡村传统文化技艺教育工作，使乡村青年能够真正领会乡村传统文化技艺的内涵，提升乡村传统文化技艺的软实力。如兴国县将该县山歌作为选修课程在学校中开设，使学生可以提高对传统文化的兴趣；还需要职业教育为乡村文化的传承发展培养专门的人才，如培养兴国县山歌文化传承的专门人才。

三、推动传统文化技艺传承平台构建与多元传承

　　《乡村振兴战略规划（2018—2022 年）》专门指出："立足乡村文明，吸取城市文明及外来文化优秀成果，在保护传承的基础上，创造性转化、创新性发展，不断赋予时代内涵、丰富表现形式，为增强文化自信提供优

质载体"①在新时代乡村振兴的大背景下,需要通过发展多种形式的乡村职业教育,设立传统文化技艺传承平台将原来自发自主的乡村传统文化技艺传承转变为规范有序高效的传承,回答乡村传统文化技艺怎么传承的问题。

乡村职业学校应该作为乡村传统文化技艺的重要传承机构,承担传统文化技艺传承的重要职责。其具体的措施可以从以下几方面寻求突破:一是开发乡村传统文化技艺的教材,开设相关课程,并对课程进行特色化和个性化设计,将乡村人文知识与乡村实用技术相结合,进而普及传承乡村传统文化技艺;二是开始第二课堂兴趣班,引导受教育者学习传承传统文化技艺;三是设立大师工作室,将传统师徒模式与现代职业院校教学模式相结合,鼓励代表性传承人在学校内设立工作室,传授绝活、绝技、绝艺,推动职业院校将传统工艺纳入人文素质课程,培育忠于职守、精益求精的工匠精神。

乡村职业培训中可以开发传统技艺培训项目,打造有特色的培训品牌,如"兴国县工匠""兴国县能人"培训。通过对传统技艺的培训,引导相关从业者就业创业,带动产业发展,为乡村发展提供新的增长点。对乡村社会职业教育自发自觉地传承传统文化技艺应该予以大力引导支持,尤其是传统技艺的传承人需要政府提供平台将其技艺传承下来,对于绝大多数乡村居民来说,也需要有途径有平台来学习这些与他们乡村生活乃至精神追求息息相关的传统技艺文化。因此,政府可以为传统技艺传承人设立传统技艺传习所,提供场地、资金等支持,作为传统技艺传承发展的平台载体;将乡村传统文化技艺传承与乡村旅游结合起来,设立研究基地,推广传播传统技艺。

---

① 《乡村振兴战略规划(2018—2022年)》,新华社,2018年9月26日。

四、推动传统工艺现代化升级与生产性保护

乡村传统文化技艺是在漫长的生产生活过程中形成的,尤其是乡村传统手工技艺,其最大特点是拥有具体的生产内容,贴近乡村民众生活,是在长期的生产生活实践中形成的。推动传统工艺现代化升级与生产性保护,可通过以下两方面来实现。

一方面,通过乡村职业教育开展传统工艺的研究,积极探寻乡村传统工艺与现代科技、工艺的融合发展,同时推动传统工艺与乡村旅游、文化创意等产业的融合发展。《教育部 江西省人民政府关于整省推进职业教育综合改革提质创优的意见》明确提出以人才队伍培养为支撑,推动传统工艺传承创新。

另一方面,在乡村社会急剧变迁下,对传统技艺的传承与保护最好的方式就是在生产中保持其核心技艺和核心价值,并与民众生活紧密相连,使之在生活中持久传承。[1] 植根乡村的民间手工技艺,是传统的农村手工业,也是乡村工业的一种类型,是乡村居民收入的重要来源,关系到乡村居民的民生问题。通过职业教育提取乡村文化潜在的附加值,发展文化创意产业、文化旅游产业等,将乡村文化发展与乡村经济社会发展结合起来,培育乡村特色文化品牌产品,形成特色文化产业。换句话说,传统手工技艺的保护与发展必须嵌入生产当中,实现市场化的运作,并融入人们的日常生活当中,才是促使传统技艺长久生存下去的有效路径。[2] 传统技艺的传承要与乡村振兴发展统一起来,结合乡村休闲农业、乡村旅游等,多种方式、多种渠道地发展传统技艺;利用传统手工艺打造特色农产

---

① 朱以青:《传统技艺的生产保护与生活传承》,《民俗研究》2015 年第 1 期。
② 吕品田:《在生产中保护和发展——谈传统手工技艺的"生产性方式保护"》,《美术观察》2009 年第 7 期。

品、创意产品、乡村旅游产品等,形成产业,带动就业,发展乡村经济,实现文化价值与经济价值的统一,推动乡村的振兴发展。

第六节　乡村人才振兴之路
——职业教育"上下结合"服务乡村振兴的现实基础

乡村振兴的关键是"人",乡村人才是实现乡村振兴内生动力,《中共中央、国务院关于实施乡村振兴战略的意见》指出:"实施乡村振兴战略,必须破解人才瓶颈制约。要把人力资本开发放在首要位置,畅通智力、技术、管理下乡通道,造就更多乡土人才,聚天下人才而用之。"[1]从 2017 年开始,乡村振兴和乡村人才振兴成为每年中央一号文件的重要内容。而乡村人才是个动态概念,其内涵和外延会随着经济社会的发展而变化,即基于不同的时空视域,衡量与培育乡村人才的标准也会随之改变。[2]我国乡村地域分布广阔,自然环境与经济社会发展水平不尽相同,人才的需求类型也因此迥异。兴国县乡村职业教育服务乡村振兴发展的现实基础是为兴国县乡村发展培养所需的各类人才,这就要求乡村职业教育的发展需要以兴国县乡村发展实际为前提,增强乡村职业教育服务乡村人才振兴的适应性。

一、开展乡村人才需求供给调查,编制乡村人才需求供给报告[3]

乡村职业教育服务乡村人才振兴,首先需要破解乡村人才供需矛盾

---

① 中共中央党史和文献研究院编:《十九大以来重要文献选编》(上),中央文献出版社 2019 年版,第 175 页。
② 刘晓峰:《乡村人才:从概念建构到建设路径》,《人口与社会》2019 年第 3 期。
③ 谢元海、刘涵滨:《县域中等职业教育服务乡村人才振兴的路径研究》,《当代职业教育》2021 年第 4 期。

问题。一方面,需要准确把握乡村职业教育的人才培养情况,即乡村人才供给的情况,如人才供给的数量、专业、层次等等;另一方面,需要明确乡村振兴对各类人才的需求,即符合乡村社会经济发展,尤其是产业发展实际需求的人才类型和人才数量。这就需要大兴调查研究之风,开展县域范围内的乡村人才需求和供给调查。

因此,应根据乡村社会经济发展实际需要,利用大数据技术科学分析,对乡村范围内的乡村人才需求进行调查,建立乡村人才需求动态数据库;同时对县域范围内乡村职业教育的人才培养培训情况进行调查,建立乡村人才供给数据库。在此基础上,编制《乡村人才需求与供给报告》。根据人才需求报告来调整人才培养的专业设置和招生等培养;科学指导职业院校服务乡村振兴的专业设置与人才培养。从而有的放矢地增强技能人才培养的针对性,明确职业教育在乡村振兴不同阶段人才培养的目标,探寻职业教育专业链与产业链的对接融合之路。

二、启动乡村人才学历提升工程,实施乡村人才定向培养计划

乡村职业教育服务乡村人才振兴主要包括两个层面,一个是学历教育的乡村人才培养;一个是乡村职业培训。从人才的供需角度出发,乡村职业教育是乡村人才的供给方,应该根据乡村振兴的人才需要有针对性地培养和培训乡村人才。中共中央办公厅、国务院办公厅印发的《关于加快推进乡村人才振兴的意见》[①]将乡村人才分为五大类二十小类(表6-5),这些不同类型乡村人才需要采用不同的职业教育形式予以培养或培训,有些需要通过学历教育的形式来定向培养,有些则适合短期的职业教育培训。而其中乡村学历职业教育是延长乡村居民受教育年限最为重

---

① 《中共中央办公厅 国务院办公厅印发〈关于加快推进乡村人才振兴的意见〉》,《中华人民共和国国务院公报》2021 年第 7 期。

要的教育类型。针对乡村振兴的人才需求,启动乡村人才学历提升工程,为有学历提升需要的乡村青年群体提供学历职业教育,尤其是针对乡村振兴急需的各类人才,实行定向培养计划。因此,乡村职业教育的定向培养是从学历职业教育的角度出发,有针对性地为乡村振兴培养各类人才。

所谓定向培养,就是明确所培养的乡村人才的毕业去向,即根据乡村经济社会发展需要,招收有志于扎根乡土,服务乡村振兴的乡村本土青年,通过接受系统的职业教育后回到乡村相应岗位上工作,服务乡村振兴。为此,一方面为巩固脱贫攻坚的成果,设立针对贫困家庭适龄子女的专项职业教育工程,开设如中医护理、助产、农村医学、导游服务等专业,开展定向培养和定向就业。另一方面,围绕乡村振兴需要,每年实行定向培养计划,为乡村振兴定向培养一批农村电商人才、乡村教师、乡村卫生健康人才、乡村文化旅游体育人才、乡村规划建设人才、农村社会工作人才等各类人才。坚持扎根乡土办学,注重本土人才的培养,定向培养留得住的乡村人才,为乡村振兴发展注入年轻的血液,实现人才留乡、人才兴乡。

表6-5 乡村人才分类

序号	人才大类	人才细类	培养培训方式
1	农业生产经营人才	高素质农民	精准培训
2		家庭农场经营者、农民合作社带头人	精准培训
3		农村创业创新带头人	精准培训
4	农村二三产业发展人才	农村电商人才	定向培养
5		乡村工匠	精准培训
6		地方特色劳务群体(劳务输出品牌)	精准培训

序号	人才大类	人才细类	培养培训方式
7		乡村教师	定向培养
8	乡村公共服务人才	乡村卫生健康人才	定向培养
9		乡村文化旅游体育人才	定向培养
10		乡村规划建设人才	定向培养
11		乡镇党政人才	定向培养
12		村党组织带头人	精准培训
13	乡村治理人才	"一村一名大学生"	定向培养
14		农村社会工作人才	定向培养
15		农村经营管理人才	定向培养
16		农村法律人才	定向培养
17		农业农村高科技领军人才	定向培养
18	农业农村科技人才	农业农村科技创新人才	定向培养
19		农业农村科技推广人才	定向培养
20		科技特派员	定向培养

三、启动乡村人才技能提升工程，实施乡村人才精准培训计划

乡村振兴需要各类技术技能人才，而职业培训相对于学历职业教育而言，在乡村技能人才培训中更具普遍性和灵活性。启动兴国县乡村人才技能提升工程，因人施策，实施乡村人才精准培训计划。

所谓精准培训，强调的是乡村人才的培训与乡村社会和乡村居民个体所需之间的匹配、契合，即根据乡村社会对各类人才的需求和要求来精准地提供其所需的优质的职业培训。这就要求在调查研究的基础上，针对乡村不同群体的文化程度、从业取向、年龄阶段、发展意向等的不同进

行分类分层培训。[①] 兴国县在乡村职业培训方面已取得了一定的成绩，如开展了"兴国县表嫂"'兴国县工匠""兴国县能人"等培训项目。可以在此基础上，一方面，精准对接乡村不同群体需求，即应针对不同地区、不同年龄、不同教育基础的乡村居民个体对职业教育培训需求的差异，研制个性化培训方案，开发一系列品牌职业培训，如家庭农场经营者培训、农民合作社带头人培训、农村创业创新带头人培训、乡村工匠培训、地方特色劳务群体培训等。另一方面，精准对接乡村经济社会发展需求，开展实用性和针对性的培训，充分利用地方特色资源开发职业培训项目，为乡村居民提供就业技能和渠道，为乡村产业发展提供技术支持和人才支撑。应赋予职业培训深厚、独特的乡土文化内涵，形成浓郁的乡土气息和个性鲜明的培训内容，为乡村振兴培养特色人才。

随着职业教育综合改革提质培优的全面推进，发展乡村职业教育服务乡村人才振兴，不仅是新发展阶段乡村社会发展和乡村职业教育高质量发展的内在使命，更是新时代背景下多主体、全方位助力乡村振兴战略的必要举措。这要求我们充分认识到乡村职业教育在乡村振兴中的多维价值，着力破除乡村职业教育面临的结构性困境，精准化解乡村社会发展的人才供需矛盾，探索出一条乡村职业教育服务乡村人才振兴科学路径，助力乡村社会和乡村职业教育高质量的发展。

本章小结

乡村是千百年来我们赖以生存的共同体，乡村职业教育源自乡村社会生活，事关民众生计和乡村振兴，是与乡村社会发展联系最为紧密的教

---

① 李延平、王雷：《农业供给侧结构性改革背景下农村职业教育的使命及变革》，《教育研究》2017 年第 11 期。

育类型。在乡村漫长的历史发展过程中，其生活与生产方式以及乡村历史文化等都是依靠乡村职业教育予以传承与发展，如农业生产技艺、传统手工艺的传承、相关职业的传承等。乡村职业教育延续着乡村的文化和技艺，在乡村社会经济发展中发挥着重要的作用。在新时代，乡村职业教育需要向多样化方向发展以适应乡村社会发展的需要。从其形式类型来看，新时代乡村职业教育的类型应是多样化的，包括学校职业教育、职业培训和乡村社会职业教育等。新时代乡村职业教育应全方位地服务乡村社会发展和满足乡村居民个体的发展。从其价值取向来看，新时代乡村职业教育需要围绕乡村振兴，建立多元的价值取向，即着眼于乡村居民个体的生计、生活与乡村社会生态确立其生计价值、生活价值和生态价值取向。从发展路径来看，新时代乡村职业教育应围绕乡村振兴的职业教育需求，从服务现代技术下乡、传统技艺自觉和乡村人才振兴等多维度设计发展路径，从而使乡村职业教育嵌入乡村土壤，融入乡村社会。

▶▶结　语

　　乡村职业教育是与乡村社会联系最为紧密的教育类型，乡村的发展，教育需先行。尤其是职业教育先行，乡村职业教育要介入乡村社会发展之中，这是社会的共识。发展乡村职业教育是乡村振兴的重要推动力量，乡村职业教育的发展亦是乡村振兴的重要内容。通过对赣南兴国县乡村职业教育与乡村建设的历史梳理、乡村职业教育与乡村社会变迁的分析、乡村职业教育发展多维困境剖析以及乡村振兴发展的职业教育需求分析，探究嵌入乡村的职业教育的价值取向与发展路径，得出了以下初步的结论。

一、初步的结论

　　第一，新时代乡村职业教育应赋予新的内涵。在乡村振兴战略背景下，乡村范围内服务于乡村社会发展的职业教育与培训都应该纳入乡村职业教育的范畴，从横向来看包括学校学历职业教育、职业培训以及乡村民间技艺职业传承等多种类型，具有培育初、中、高级技术技能人才的层次性，学历教育与职业培训的系统性和乡村民间技艺自主传承的开放性；

从纵向看,应具有乡村特色和体现乡土属性,自成体系,以县城为中心、乡镇为纽带、农村为腹地,包括县—乡—村三级职业教育与培训,是为乡村社会发展提供智力支持和人才保证的教育类型。乡村职业教育要以人为本,着眼于受教育者的生涯发展,培育能扎根乡土,具有浓浓乡情的留得住的人才。

第二,建立动态多元的乡村职业教育价值取向。乡村职业教育应然的价值取向是生计、生活与生态。以往关于乡村职业教育价值取向的定位是相对静止的、片面的,与乡村社会发展实际需求脱嵌。应该改变"为农"和"离农"的二元思维,站在乡村振兴的全局高度,根据乡村振兴发展对职业教育的具体诉求来探讨乡村职业教育的应然定位,以整体、多元的视角看待乡村职业教育的价值取向,并且根据乡村社会发展的动态变化来调整乡村职业教育的发展思路。乡村职业教育的发展应该嵌入乡村社会中,与乡村振兴发展的需求紧密联系,因而其价值取向应是动态的、多元的,既受到时代发展潮流的影响,也根植于乡村地方经济文化和社会之中。乡村振兴战略背景下,应着眼于乡村居民和乡村社会的发展来确立乡村职业教育的生计价值取向、生活价值取向和生态价值取向。作为实现乡村振兴的重要路径,发展乡村职业教育事关乡村居民的生计、生活以至整个乡村生态,须着眼于乡村振兴的长远追求来确立乡村职业教育的价值取向,而只有回归乡村居民生计、生活并最终回归乡村生态的价值取向才是乡村职业教育的应然的终极价值取向。本研究从人本价值和文化价值等层面出发,系统地提出了乡村职业教育的生计价值取向、生活价值取向和生态价值取向,跳出了"为农"和"离农"二元价值论,提倡动态化和多元化的价值取向。

第三,探寻乡村职业教育的发展,不应仅局限于教育而谈教育,而应放在整个乡村社会发展的宏大叙事中来讨论,不能脱离整个乡村社会变迁这一深刻背景。乡村职业教育的发展根植于乡村地方的文化、经济、社会、地理等要素之中。乡村职业教育的发展并非封闭性的或静态的，随着乡村振兴战略的实施，在新时代背景下，乡村职业教育不可能独立于时代发展的潮流之外。乡村职业教育的发展应该考虑两点：一是时代的要求，要与新时代的经济社会发展要求结合起来；二是区域的特殊性，亦即乡村的场域性，不同的乡村地区发展情况不同，要根据实际情况，因地制宜地发展。

第四，乡村职业教育嵌入乡村社会既受外部的宏观环境和国家政策的影响，又受到乡村内部社会、经济、文化、环境等各要素的影响。在指导职业教育服务于乡村振兴方面应超越单纯的技术、技能，着重关注乡村职业教育的人本发展和文化功能。乡村振兴发展应将"自上而下"的国家发展乡村的各类资源与"自下而上"的乡村文化生态自觉结合起来。而其中衔接的关键是人，即乡村所需的各类人才，依靠乡村人才才能"上下结合"推动整个乡村的发展。乡村职业教育的发展自然应该遵循这一基本的路径设计原则，从人才、技术和文化等多维度立体探寻服务乡村振兴的具体路径。

二、研究的反思

乡村既是传统文明的载体和源头，也是现代文明的根基和依托。[①]乡村振兴不是复制城市化，而是要回归本源，振兴乡村经济，传承乡村文明，建设充满诗意的、文化的、精神的、生态的美丽乡村，重构具有乡土气息的乡村生态，这是乡村振兴的目标，也是乡村职业教育的终极价值取向。而要实现这一终极价值取向，首先需要确立其工具价值，培养乡村振

---

① 新玉言：《以人为本与城镇化问题分析：〈国家新型城镇化规划（2014—2020）〉解读》，新华出版社 2015 年版，第 269 页。

兴所需的具有乡土情怀的各类人才。既要关注乡村居民的生存,坚持生计价值取向;又应关注乡村居民个体之存在教育,坚持生活价值取向。乡村职业教育既不能脱离乡村振兴这一时代背景,又应该嵌入乡村地方社会经济文化之中,其价值取向归根结底应该是以人为本,核心是要反映乡村职业教育价值主体的基本诉求,服务于乡村居民和乡村社会的可持续发展。唯有具有乡土气息的乡村职业教育才有吸引力和生命力,才能促进生活在这片土地上的人们对乡土文化的理解和增进他们的乡土认同,推动乡村文明的持续传承,让置身于现代化之中的我们留有一份回望乡土中国的可能。

▶▶参考文献

一、中文部分

（一）著作类

《毛泽东选集》第一、三卷，人民出版社 1991 年版。

《毛泽东文集》第一卷，人民出版社 1993 年版。

《邓小平文选》第三卷，人民出版社 1993 年版。

习近平《习近平著作选读》第一、二卷，人民出版社 2023 年版。

《方志敏文集》，人民出版社 1985 年版。

《费孝通全集》第四、五、六卷，内蒙古人民出版社 2009 年版。

《梁漱溟全集》第五卷，山东人民出版社 1992 年版。

《梁漱溟全集》第一卷，山东人民出版社 2005 年版。

《陶行知教育文集》，四川教育出版社 2005 年版。

《陶行知全集》卷一，四川教育出版社 1991 年版。

《中国教育年鉴》编辑部编：《中国教育年鉴 1949—1981》，中国大百科全书出版社 1984 年版。

曹晔、盛子强：《当代农村职业技术教育体系研究》，河北大学出版社 2013 年版。

陈学恂主编:《中国近代教育文选》,人民教育出版社 1983 年版。

陈荣华、何友良编著:《中央苏区史略》,上海社会科学院出版社 1992 年版。

陈元晖等编:《老解放区教育资料》(一),教育科学出版社 1981 年版。

丁守和:《辛亥革命时期期刊介绍》,人民出版社 1982 年版。

杜成宪、丁钢:《20 世纪中国教育的现代化研究》,上海教育出版社 2004 年版。

樊改霞:《教育与公共性:公共教育的现代转型》,福建教育出版社 2012 年版。

苑书义、孙华峰、李秉新主编:《张之洞全集》第 2 册,河北人民出版社 1998 年版。

费孝通:《江村经济》,戴可景译,商务印书馆 2006 年版。

费孝通:《乡土中国 生育制度》,北京大学出版社 2007 年版。

费孝通:《乡土中国》,上海人民出版社 2007 年版。

费孝通:《中国文化的重建》,华东师范大学出版社 2015 年版。

赣南师范学院、江西省教育科学研究所编:《江西苏区教育资料汇编(1927—1937)》(四),1985 年。

高宣扬:《布迪厄的社会理论》,同济大学出版社 2004 年版。

古梅编著:《乡村教育》,商务印书馆 1935 年版。

顾复:《农村教育》,商务印书馆 1923 年版。

郭笙:《为中国教育寻觅曙光——陶行知教育思想研究》,辽宁教育出版社 1991 年版。

郭书田等:《失衡的中国:城市化的过去、现在与未来(第一部)》,河北人民出版社 1991 年版。

国家教育委员会、中国联合国教科文组织全国委员会编:《当代国际农村教育发展的改革大趋势(农村教育国际研讨会论文集)》(上),教育科学出版社 1993 年版。

杭间:《手艺的思想》,山东画报出版社 2001 年版。

皇甫束玉、宋荐戈、龚守静编著:《中国革命根据地教育纪事》,教育科学出版社 1989 年版。

黄炎培:《新大陆之教育》,商务印书馆 1917 年版。

江西省档案馆、中共江西省委党校党史教研室编:《中央革命根据地史料选编》(下),江西人民出版社 1982 年版。

江西省妇女联合会、江西省档案馆编:《江西苏区妇女运动史料选编》,江西人民出版社 1982 年版。

江西省赣州市地方志编纂委员会编:《赣州市志》,中国文史出版社 1999 年版。

江西省教育厅编:《江西苏区教育资料选编》,江西教育出版社 1960 年版。

江西省教育学会编:《苏区教育资料选编(1929—1934)》,江西人民出版社 1981 年版。

江西省文化厅革命文化史料征集工作委员会、福建省文化厅革命文化史料征集工作委员会编:《中央苏区革命文化史料汇编》,江西人民出版社 1994 年版。

姜蕙主编:《当代国际高等职业技术教育概论》,兰州大学出版社 2003 年版。

李道军:《法的应然与实然》,山东人民出版社 2001 年版。

李国杰:《中国高等农林教育可持续发展战略研究》,辽宁人民出版社 2008 年版。

李国强:《中央苏区教育史》,江西教育出版社 2001 年版。

李景汉:《定县社会概况调查》,中国人民大学出版社 1986 年版。

联合国教科文组织国际教育发展委员会编著:《学会生存——教育世界的今天和明天》,华东师范大学比较教育研究所译,教育科学出版社 1996 年版。

梁漱溟:《乡村建设理论》,上海人民出版社 2006 年版。

刘春生、王虹:《农村职业教育学》,高等教育出版社 1992 年版。

刘铁芳:《乡土的逃离与回归:乡村教育的人文重建》,福建教育出版社 2008 年版。

鲁洁主编:《教育社会学》,人民教育出版社 1990 年版。

陆学艺主编:《当代中国社会阶层研究报告》,社会科学文献出版社 2002 年版。

陆有铨:《躁动的百年——20 世纪的教育历程》,山东教育出版社 1997 年版。

罗荣渠:《现代化新论》,北京大学出版社 1993 年版。

庞守兴:《困惑与超越:新中国农村教育忧思录》,广西师范大学出版社 2003 年版。

彭泽益编:《中国近代手工业史资料(1840—1949)》第三卷,生活·读书·新知三联书店 1957 年版。

秦红增:《乡土变迁与重塑——文化农民与民族地区和谐乡村建设研究》,商务印书馆 2012 年版。

阮青:《价值哲学》,中共中央党校出版社 2004 年版。

沈红、周黎安等:《边缘地带的小农——中国贫困的微观理解》,人民出版社 1992 年版。

石伟平:《比较职业技术教育》,华东大学出版社 2001 年版。

迪帕·纳拉扬等:《呼唤变革》,中国人民大学出版社 2003 年版。

宋恩荣总主编:《晏阳初全集》第一卷,天津教育出版社 2013 年版。

孙培青、李国钧主编:《中国教育思想史》第三卷,华东师范大学出版社 1995 年版。

陶行知:《中国教育改造》,商务印书馆 2015 年版。

滕纯:《中国农村教育综合改革》,陕西人民教育出版社 1998 年版。

王焕勋主编:《实用教育大词典》,北京师范大学出版社 1995 年版。

王善迈主编:《教育经济学简明教程》,高等教育出版社 2000 年版。

王盛章、赵桂溟:《中国县域经济及其发展战略》,中国物价出版社 2002 年版。

吴国荣:《清末民初职业教育研究》,中国社会科学出版社 2015 年版。

吴淞、熊思远:《WTO 与中国基础教育发展》,北京理工大学出版社 2003 年版。

吴雨农:《定县牛村的平民教育》,定县中华平民教育促进会 1929 年版。

新玉言:《以人为本的城镇化问题分析:〈国家新型城镇化规划(2014—2020)〉解读》,新华出版社 2015 年版。

兴国卷课题调查组编:《中国国情丛书——百县市经济社会调查:兴国卷》,中国大百科全书出版社 1996 年版。

熊明安、周洪宇主编:《中国近现代教育实验史》,山东教育出版社 2001 年版。

徐长发:《新乡村职业教育发展预期》,教育科学出版社 2006 年版。

阎明:《一门学科与一个时代:社会学在中国》,清华大学出版社 2004

年版。

晏阳初:《平民教育与乡村建设运动》,商务印书馆 2014 年版。

杨华:《陌生的熟人:理解 21 世纪乡土中国》,广西师范大学出版社 2021 年版。

杨效春:《晓庄学校与中国乡村教育》,爱文书局 1928 年版。

余伯流、何友良主编:《中国苏区史》,江西人民出版社 2011 年版。

余家菊:《乡村教育通论》,中华书局 1934 年版。

虞和平:《经元善集》,华中师范大学出版社 1988 年版。

喻谟烈:《乡村教育》,商务印书馆 1927 年版。

张冠生:《费孝通传》,群言出版社 2000 年版。

张謇研究中心、南通市图书馆编:《张謇全集》第四卷,江苏古籍出版社 1994 年版。

张力跃:《受教育者视界中的农村职业教育困境与破解》,天津大学出版社 2011 年版。

赵树贵、曾丽雅编:《陈炽集》,中华书局 1997 年版。

赵质宸:《乡村教育概论》,京城印书局 1933 年版。

郑杭生主编:《社会学概论新修》,中国人民大学出版社 2003 年版。

中共江西省委党史研究室等编:《中央革命根据地历史资料文库·政权系统》第 8 卷,江西人民出版社 2013 年版。

中共瑞金市委、瑞金市人民政府编:《中央国家机关在瑞金》(内部资料),2007 年。

中共中央书记处编:《六大以来党内秘密文件》,人民出版社 1981 年版。

中国社会科学院语言研究所词典编辑室编:《现代汉语词典》,商务印书馆 2016 年第 7 版。

中华职业教育社编:《黄炎培教育文集》第二、四卷,中国文史出版社1994年版。

中国史学会编:《戊戌变法(三)》,神州国光社1953年版。

庄泽宣:《乡村建设与乡村教育》,中华书局1939年版。

[法]皮埃尔·布尔迪厄:《实践与反思》,李猛、李康译,中央编译出版社1998年版。

[美]埃德加·斯诺《西行漫记》,生活·读书·新知三联书店1979年版。

[美]艾尔·巴比:《社会研究方法(第十版)》,华夏出版社2005年版。

[美]费正清:《费正清自传》,黎鸣等译,天津人民出版社1994年版。

[美]舒尔茨:《改造传统农业》,商务印书馆1999年版。

[苏联]苏霍姆林斯基:《帕夫雷什中学》,赵玮等译,教育科学出版社1983年版。

[印度]阿玛蒂亚·森:《贫困与饥荒》,王宇、王文玉译,商务印书馆2001年版。

[印度]阿玛蒂亚·森:《以自由看待发展》,任赜、于真译,中国人民大学出版社2002年版。

(二)期刊类

《2018中国高等职业教育质量年度报告》,《职业技术教育》2018年第35期。

《国家教委关于深入推进农村教育综合改革的意见》,《北京成人教育》1995年第9期。

《国务院办公厅关于推进农村一二三产业融合发展的指导意见》,《农村工作通讯》2016年第2期。

《国务院关于大力发展职业教育的决定》，《中国职业技术教育》2005年第 33 期。

《国务院关于大力推进职业教育改革与发展的决定》，《中华人民共和国国务院公报》2002 年第 29 期。

《国务院关于加快发展现代职业教育的决定》，《职业技术教育》2014年第 18 期。

《国务院关于印发全国农业现代化规划（2016—2020 年）的通知》，《中华人民共和国国务院公报》2016 年第 31 期。

《国务院批转教育部、国家劳动总局关于中等教育结构改革的报告》，《中华人民共和国国务院公报》1980 年第 16 期。

《农村教育丛辑第五辑　农民生计调查报告　中华职业教育社编定价大洋壹角》，《教育与职业》1929 年第 7 期。

《农业部关于印发〈"十三五"全国新型职业农民培育发展规划〉的通知》，《中华人民共和国农业部公报》2017 年第 2 期。

《中共中央办公厅国务院办公厅印发〈关于加快推进乡村人才振兴的意见〉》，《中华人民共和国国务院公报》2021 年第 7 期。

《中共中央关于教育体制改革的决定》，《民主与科学》2009 年第5 期。

《中共中央关于完善社会主义市场经济体制若干问题的决定》，《学习导报》2003 年第 11 期。

《中共中央国务院关于加快推进农业科技创新持续增强农产品供给保障能力的若干意见》，《中华人民共和国国务院公报》2012 年第 5 期。

《中共中央国务院关于坚持农业农村优先发展做好"三农"工作的若干意见》，《中华人民共和国国务院公报》2019 年第 7 期。

《中共中央国务院关于实施乡村振兴战略的意见》，《中华人民共和国国务院公报》2018 年第 5 期。

本刊编辑部:《教育脱贫攻坚"十三五"规划》,《职业技术教育》2017
年第 3 期。

曹晔:《农村职业教育的价值取向:"离农"还是"为农"——基于历史
变迁视角的考察》,《职教通讯》2012 年第 1 期。

陈春霞、石伟平:《职业教育精准扶贫的实践效能与治理路径——面
向"消除贫困"的未来图景》,《河北师范大学学报(教育科学版)》2020 年
第 2 期。

陈宏军、江若尘:《高等教育个人需求的系统分析与高等教育需求类
型关系的诠释》,《清华大学教育研究》2006 年第 2 期。

陈敬朴:《农村教育概念的探讨》,《教育理论与实践》1999 年第
11 期。

陈鹏、王晓利:《"扶智"与"扶志":农村职业教育的独特定位与功能
定向》,《苏州大学学报(教育科学版)》2019 年第 4 期。

陈鹏:《澄明与借镜:美国职业教育人本主义意蕴及启示》,《职教论
坛》2012 年第 28 期。

陈旸:《詹姆逊关于后现代理论的探析及其意义》,《武汉大学学报
(哲学社会科学版)》2004 年第 6 期。

成尚荣:《"超越",引领乡村教育的"永远"》,《江苏教育》2011 年
5 期。

程方平:《推进省级立法,因地制宜发展职业教育》,《教育与职业》
2007 年第 31 期。

褚宏启:《城乡教育一体化:体系重构与制度创新》,《教育研究》2009
年第 11 期。

崔玉婷:《异源同流和而不同——梁漱溟、陶行知乡村教育思想比较

研究》,《河北师范大学学报(教育科学版)》2006 年第 1 期。

杜育红:《农村转型与农村教育发展的战略选择》,《人民教育》2004 年 20 期。

范会敏:《乡村学校乡土文化教育融入与教育支持》,《当代教育论坛》2020 年第 1 期。

方李莉:《传统手工的现代价值》,《中华手工》2004 年第 1 期。

冯光廉:《启蒙问题研究新思路》,《东方论坛》2014 年第 4 期。

傅伯言、罗莹:《他们走出了绝对贫困的沼泽——对毛泽东〈兴国县调查〉中有关人员后裔情况的再调查》,《江西社会科学》1999 年第 1 期。

高清海:《主体呼唤的历史根据和时代内涵》,《中国社会科学》1994 年第 4 期。

戈壁:《教育部印发〈农村劳动力转移培训计划〉》,《中国职业技术教育》2004 年第 18 期。

葛新斌:《农村教育:现代化的弃儿及其前景》,《教育理论与实践》2003 年第 23 期。

顾微微:《教育经济学视角下的农村职业教育困境与出路》,《河北师范大学学报(教育科学版)》2011 年第 3 期。

郭欢、唐智彬:《乡村振兴背景下我国乡镇农校的发展定位与路径选择》,《中国职业技术教育》2020 年第 16 期。

韩俊:《实施乡村振兴战略将从根本上解决"三农"问题》,《农村工作通讯》2018 年第 2 期。

韩延明:《理念、教育理念及大学理念探析》,《教育研究》2003 年第 9 期。

何丕洁:《对职业教育精准扶贫问题的思考》,《教育与职业》2015 年第 30 期。

侯保疆：《乡镇建制：历史、现状及未来》，《汕头大学学报（人文社会科学版）》，2005 年第 4 期。

黄慧：《农民工回乡创业行为分析——以兴国县农民"创业潮"为例》，《天津市工会管理干部学院学报》2007 年第 2 期。

黄磊、胡彬：《参与式发展理论：一个文献综述》，《大众科技》2011 年第 11 期。

继传：《江西苏区各县苏维埃概况（四）》，《老区建设》1990 年第 4 期。

江西省教育厅：《2020 江西省中等职业教育年度质量报告》。

姜长云等：《乡村振兴战略：理论、政策和规划研究》，中国财政经济出版社 2018 年版。

教育部等：《关于加快发展面向农村的职业教育的意见》，《云南教育（视界时政版）》2011 年第 11 期。

金瑾：《乡村振兴战略下的农业职业经理人培育机制改革——以四川现代农业职教集团为例》，《职业技术教育》2018 年第 21 期。

李国强：《苏区职业技术教育》，《江西教育》1986 年第 4 期。

李培林：《中国乡村人口大规模向城镇集中阶段已过去》，《农村工作通讯》2017 年第 2 期。

李尚群：《底层关怀视野下的职业教育问题》，《中国人民大学教育学刊》2012 年第 3 期。

李小云、许汉泽：《2020 年后扶贫工作的若干思考》，《国家行政学院学报》2018 年第 1 期。

李延平、王雷：《农业供给侧结构性改革背景下农村职业教育的使命及变革》，《教育研究》2017 年第 11 期。

李有发：《教育扶贫的现实依据及其对策》，《哈尔滨市委党校学报》

2006 年第 2 期。

刘春生、刘永川:《"三农"背景下农村职业教育内涵探析》,《职教通讯》2005 年第 9 期。

刘丽萍、许俊杰、杜江:《东北林区"两危"的现状分析及对策选择》,《学术交流》2008 年第 11 期。

刘仁杰:《中央苏区教育梗概(下)》,《赣南师范学院学报》1981 年第 1 期。

刘巍:《"嵌入性"理论及其在中国研究中的发展》,《淮阴师范学院学报(哲学社会科学版)》2010 年第 4 期。

刘晓峰:《乡村人才:从概念建构到建设路径》,《人口与社会》2019 年第 3 期。

刘一:《贫困的定义与我国反贫困问题思考》,《安徽农业大学学报(社会科学版)》2016 年第 1 期。

刘瑜:《教育与贫困——以一个民族村寨的调查为例》,《山西农经》2016 年第 6 期。

柳一桥:《德国农业职业教育对我国新型职业农民培育的启示》,《农业经济》2018 年第 4 期。

卢洁莹:《社会转型背景中职业教育价值定位》,《河北师范大学学报(教育科学版)》2008 年第 11 期。

陆汉文、杨永伟:《发展视角下的个体主体性和组织主体性:精准脱贫的重要议题》,《学习与探索》2017 年第 3 期。

陆小华:《作为反贫困对策的职业教育与农村职教改革》,《教育研究》1998 年第 5 期。

罗康隆:《文化自觉视野下的乡村营造——以天柱潘寨为个例》,《原生态民族文化学刊》2016 年第 1 期。

吕品田:《在生产中保护和发展——谈传统手工技艺的"生产性方式保护"》,《美术观察》2009 年第 7 期。

马建富:《农村职业教育名称及内涵新解》,《教育与职业》2010 年第 30 期。

马建富:《乡村振兴战略实现的职业教育机会与应对策略》,《中国职业技术教育》2018 年第 18 期。

马小彦:《费孝通教授社会学研究的思路历程》,《史学月刊》1997 年第 5 期。

孟景舟:《关于实业教育和职业教育关系的认识与反思——基于历史的视角》,《职业技术教育》2008 年第 4 期。

彭干梓、夏金星、邹纪生:《中央苏区时期中国职业教育的启蒙——晚清洋务派技艺、实业教育思想研究》,《岳阳职业技术学院学报》2005 年第 4 期。

彭干梓、夏金星:《发展经济学理论与职业教育的城乡融合——乡村职业教育的几个理论问题(之二)》,《职教论坛》2011 年第 4 期。

彭干梓、夏金星:《由"器具"向"人"转换的职业教育价值取向——乡村职业教育的几个理论问题(之三)》,《职教论坛》2011 年第 7 期。

彭干梓:《论黄炎培职业教育思想核心价值体系》,《温州职业技术学院学报》2009 年第 1 期。

彭干梓:《中国职业教育从模仿到本土化的理论创新——乡村职业教育的几个理论问题(之一)》,《职教论坛》2011 年第 1 期。

祁占勇、王羽菲:《乡村振兴战略背景下农村职业教育现代化的指标体系与行动逻辑》,《西南大学学报(社会科学版)》2020 年第 4 期。

祁占勇、王志远:《乡村振兴战略背景下农村职业教育的现实困顿与实践指向》,《华东师范大学学报(教育科学版)》2020 年第 4 期。

全国调查总队:《2019 年全国农民工监测调查报告》,国家统计局,2020 年。

邵佳、栾敬东:《安徽省农业产业化发展现状评价——基于因子分析方法》,《黑龙江八一农垦大学学报》2018 年第 2 期。

沈妩:《城乡一体化进程中乡村文化的困境与重构》,《理论与改革》2013 年第 4 期。

沈费伟、刘祖云:《海外“乡村复兴”研究——脉络走向与理论反思》,《人文地理》2018 年第 1 期。

石元春:《现代农业》,《高等农业教育》2002 年第 9 期。

石仲泉:《毛泽东与兴国县和长冈乡调查》,《党史文苑》2014 年第 2 期。

苏济、杜学元:《浅论农村职业技术教育发展的现状和对策》,《当代教育论坛》2007 年第 10 期。

孙岿:《产业援疆与人才援疆良性互动发展研究:以大连市对口支援八师石河子市为例》,《大连民族大学学报》2018 年第 2 期。

汤美娟:《本土性重构:现代教育观念的乡村嵌入历程——苏北 M 村的民族志研究》,《教育科学研究》2017 年第 6 期。

唐智彬、石伟平:《农村职业教育发展现状及问题分析》,《职业技术教育》2012 年第 28 期。

王大超、袁晖光:《关于我国贫困地区职业技术教育问题的思考》,《中国职业技术教育》2012 年第 30 期。

王慧:《产教融合:农村职业教育发展方向》,《教育研究》2018 年第 7 期。

王培祚:《乡村社会与今后之乡村教育》,《山东民众教育月刊》,1934 年第 3 期。

王朔、王永莲、李爽：《农村职业教育供给与需求现状研究综述》，《职业教育研究》2016 年第 1 期。

王旭：《近代中国乡村社会变迁的历史图景——王先明〈乡路漫漫：20 世纪之中国乡村（1901—1949）〉评析》，《史学月刊》，2018 年第 11 期。

王亚华、高瑞、孟庆国：《中国农村公共事务治理的危机与响应》，《清华大学学报（哲学社会科学版）》2016 年第 2 期。

王煜：《为农服务是农村职业教育的主要内容》，《职业技术教育研究》2003 年第 9 期。

王志勇：《民间工艺的表象与传承价值》，《美与时代》2003 年第 10 期。

魏小萍：《"主体性"涵义辨析》，《哲学研究》1998 年第 2 期。

翁伟斌：《职业教育扶贫：政府履行发展职业教育职责的重要使命》，《教育理论与实践》2017 年第 15 期。

吴克明：《教育供求新探》，《教育与经济》2001 年第 3 期。

吴祖鲲、刘小新：《中国近代农业教育的兴起及其特点》，《长白学刊》2003 年第 6 期。

习近平：《在解决"两不愁三保障"突出问题座谈会上的讲话》，《当代江西》2019 年第 9 期。

谢元海、刘涵滨：《县域中等职业教育服务乡村人才振兴的路径研究》，《当代职业教育》2021 年第 4 期。

谢元海、马会勤、梁胜男：《后扶贫时代的职业教育反贫困行动路向：人才、技术与文化》，《中国职业技术教育》2021 年第 15 期。

谢元海、闫广芬：《乡村振兴背景下的乡村职业教育发展研究——基于三种形式的乡村职业教育分析》，《中国职业技术教育》2019 年第 12 期。

谢元海、闫广芬:《乡村职业教育的应然价值取向:生计、生活与生态——以乡村振兴战略为视角》,《教育发展研究》2019 年第 1 期。

谢元海、杨燕萍:《乡村振兴背景下的乡村职业教育发展路径研究——基于乡村经济发展的职业教育需求分析》,《成人教育》2019 年第 10 期。

辛丽春:《乡村教育现代化进程中的本土文化自觉》,《教育导刊》2012 年第 8 期。

徐小容、李炯光、苟淋:《产业振兴:职业教育与乡村产业的融合机理及旨归》,《民族教育研究》2020 年第 3 期。

徐秀丽:《民国时期的乡村建设运动》,《安徽史学》2006 年第 4 期。

闫守轩:《乡村教育"悬浮态势"的困境与出路》,《教育科学》2013 年第 2 期。

杨芳:《探析乡村旅游促进旅游职业教育的创新性发展》,《教育现代化》2018 年第 29 期。

杨小敏:《精准扶贫:职业教育改革新思考》,《教育研究》2019 年第 3 期。

叶德磊:《外出打工的回馈效应与县域经济的发展——以中部若干县为例》,《江西社会科学》2010 年第 7 期。

张海鹏、郜亮亮、闫坤:《乡村振兴战略思想的理论渊源、主要创新和实现路径》,《中国农村经济》,2018 年第 11 期。

张慧君:《赣南苏区产业扶贫的"新结构经济学"思考》,《经济研究参考》2013 年第 33 期。

张济洲:《"离农"?"为农"?:农村教育改革的困境与出路》,《河北师范大学学报(教育科学版)》2006 年第 3 期。

张胜军、张乐天:《新农村建设语境中的"农村职业教育"》,《教育学术月刊》2010 年第 8 期。

张胜前：《转型期乡村文化"公共性"消解与再造》，《商业时代》2012
年第 27 期。

张雁南：《近代职业教育思潮的现实旨归、终极关怀与价值传承》，
《陕西师范大学学报（哲学社会科学版）》2011 年第 1 期。

张志增：《实施乡村振兴战略与改革发展农村职业教育》，《中国职业
技术教育》2017 年第 34 期。

郑文堂等：《美丽乡村建设背景下乡村传统文化保护与传承》，《现代
化农业》2015 年第 2 期。

郑永年等：《"如何构建中国特色哲学社会科学体系"（笔谈之一）》，
《文史哲》2019 年第 1 期。

周青：《农村职业教育办学目标定位的双重选择》，《经济与社会发
展》2007 年第 2 期。

朱成晨、闫广芬、朱德全：《乡村建设与农村教育：职业教育精准扶贫
融合模式与乡村振兴战略》，《华东师范大学学报（教育科学版）》2019 年
第 2 期。

朱成晨、闫广芬：《跨界与共生：农村职业教育融合治理的分析框
架》，《教育研究与实验》2020 年第 1 期。

朱德全、石献记：《职业教育服务乡村振兴的技术逻辑与价值旨归》，
《中国电化教育》2021 年第 1 期。

朱德全、徐小容：《职业教育与区域经济的联动逻辑和立体路径》，
《教育研究》2014 年第 7 期。

朱启臻、杨汇泉：《谁在种地——对农业劳动力的调查与思考》，《中
国农业大学学报（社会科学版）》2011 年第 1 期。

朱容皋：《贫困与返贫的博弈———农村职业学校贫困学生的问题

现状》,《沈阳大学学报》2009 年第 4 期。

朱以青:《传统技艺的生产保护与生活传承》,《民俗研究》2015 年第 1 期。

朱永新:《中国古代教育理念之贡献与局限》,《教育研究》1998 年第 10 期。

庄孔韶、王媛:《评议"离农""为农"争论——教育人类学视角的农村教育》,《广西民族大学学报(哲学社会科学版)》2011 年第 2 期。

(三)学位论文类

邓钧宏:《中央苏区时期与蒋经国"赣南新政"时期赣南农村建设比较研究》,硕士学位论文,华南理工大学,2014 年。

兰建平:《集群嵌入性对企业合作创新绩效的影响研究》,博士学位论文,浙江大学,2008 年。

李富强:《现代背景下的乡土重构》,博士学位论文,中央民族大学,2008 年。

李璐:《安徽农民职业教育供给与需求协调发展研究》,硕士学位论文,安徽大学,2012 年。

李楠:《改革开放以来我国农村职业教育政策研究》,硕士学位论文,东北师范大学,2013 年。

刘长亮:《论费孝通的乡土重建思想》,硕士学位论文,河北大学,2005 年。

罗银科:《南京国民政府初期农村职业教育研究》,博士学位论文,东北师范大学,2008 年。

唐智彬:《农村职业教育办学模式改革研究》,博士学位论文,华东师范大学,2012 年。

田静:《教育与乡村建设》,博士学位论文,华东师范大学,2011 年。

徐巧云：《江西共产主义劳动大学研究》，硕士学位论文，浙江师范大学，2014年。

杨阳：《阿马蒂亚·森自由发展观及其对当代中国发展的启示》，硕士学位论文，广西师范大学，2016。

叶纲：《"赣南新政"时期教育述评》，硕士学位论文，江西师范大学，2001年。

张力跃：《我国农村职业教育困境研究》，博士学位论文，东北师范大学，2008年。

赵艳龙：《基于嵌入性理论的乡村农民精神文化教育研究》，博士学位论文，西南大学，2014年。

（四）报纸类

《看护学校将开学》，《红色中华》1932年1月13日。

《各公私营工厂应设民众学校》，《正气日报》1944年4月5日第3版。

李红艳：《构建中国乡村传播学》，《中华读书报》2005年7月20日。

曾清兰：《兴国县拥有农村合作经济组织100多个》，《赣南日报》2010年5月19日第6版。

天华：《商标兴农，赣南田野绽放灿烂"表情"》，《赣南日报》2010年6月8日第2版。

李强：《新型城镇化与市民化面临的问题》，《北京日报》2016年11月14日第18版。

翟帆：《县级职教中心：携手爬坡，任重道远》，《中国教育报》2018年1月16日第7版。

《中共中央国务院关于实施乡村振兴战略的意见》，《人民日报》2018年2月5日第1版。

（五）网页类

江西省教育厅:《2020 江西省中等职业教育年度质量报告》,江西省教育厅官网,2021 年 3 月 25 日。

李小云:《2020 年"贫困"的终结?》,https://www.sohu.com/a/128831343_313745。

阿里研究院:《中国淘宝村研究报告（2018）》,http://www.100ec.cn/detail--6479912.Html。

《乡村振兴战略规划（2018—2022 年）》,新华社,2018 年 9 月 26 日。

《第三次全国农业普查主要数据公报（第二号）》,国家统计局网站,2017 年 12 月 15 日。

《第三次全国农业普查主要数据公报（第五号）》,国家统计局网站,2017 年 12 月 15 日。

国家统计局:《统计上划分城乡的规定》,国家统计局网站,2006 年 10 月 18 日。

二、外文部分

Halbwachs,Maurice.（1952）. *Les Cadres Sociaux de La Memoire*. Paris：Presses Universitaires de France.

Huberman,Allen Michael,& Miles,M. B.（1994）. *Qualitative Data Analysis：A Sourcebook of newMethods*. Sage Publications,1994.

Liu Yansui,& Li Yuheng.（2017）. Revitalize the world's countryside. Nature, 548(7667),275-277.

Siggelkow,N.（2007）Persuasion with Case Studies. *Academy of Management Journal*,50(1),20-24.

Sweeney,S. ,& Goldstein,H.（2005）. Accounting for Migration in Regional Occupational Employment Projections. *The Annals of Regional Science*, 39(2),297-316.

Wang, Yahua, Araral, Eduardo, & Chen, Chunliang. (2016). The Effectsof Migration on Collective Action in the Commons：Evidence from Rural China. *World Development*,88,79-93.

Wolf, Eric R. (1966). *Peasants*. New Jersey：Prentice Hall.

▶▶致　谢

　　已经很久没有这样安静下来和自己聊聊天了，电脑里播放着怀旧的老歌，凝望城市上空的万家灯火，回眸几十载人生路、求学路，思绪涌上心头，回忆飘向远方。

　　总会在某一个瞬间，情不自禁地想起年少时的故乡，赣南客家的那个小山村。想念那时故乡的模样：大榕树、土坯房、老黄牛、小学校、祠堂、古井，还有那水稻田里弥漫着的泥土芳香。春耕的季节，桃红柳绿，在江南烟雨中，燕子衔泥筑巢，嬉戏飞翔……犹如一幅山水田园画。

　　然而，故乡土地贫瘠，世代贫困，父辈在20世纪八九十年代开始在东部沿海务工，从事的是最为简单的体力工作，换取的是微薄的收入，"弹棉花"是唯一的技能。而我是第一代的留守儿童，寒暑假来到父辈身边，切身地感受到我的父辈以及和父辈一样的这一群体的生活及其困境，这一切对我的成长及求学产生了深深的影响。

　　18岁那年，我第一次离开乡村出远门，从此故乡只在梦里，在记忆里……再回首一切都已不再是旧时的模样！大学修习法科，听着老师讲有关法治、公平、正义、权利之种种，开始慢慢地着迷,为着一个由秩序建构的有尊严的社会!我开始思考人之为人该有的权利与尊严,人之为人活着的意义与该有的担当。

25岁那年,我谋得一份教职,研习职业技术教育学,开始关注贫困群体的生计及其受教育权利……我发现我所思考的所追求这些其实都是我幼年的小小心愿,是我最初的梦想,每每念及,都有一股力量涌入心田!尽管生活中有很多的无奈和不如意,我也曾彷徨而不知所措,但是最初的梦想从不曾稍离。

29岁那年,我负笈北上,在北洋园追寻最初的梦想,于是就有了赣南乡村职业教育发展这一选题的博士论文,而这本书就是在博士论文的基础上修改而成的。赣南是我生于斯长于斯的故乡,我从赣南乡村走出来,那里的一切都是那么熟悉而又亲切,一直以来想做的该做的就是关注那片乡土以及土地上生活的人们,即关注乡村居民生计与生活;关注乡村的生态,以致整个乡村的生命。本书的研究只是一个开始,甚至整个研究还略显稚嫩,但是乡村与乡村职业教育的发展是值得我一生去关注探究的事业,前路漫漫,仍须默默前行。

年岁渐长,已不再矫情,已许久不写文字,心已涩,笔亦拙,可此刻却辗转难眠,回首凝望,心绪难平。回眸几十载求学路,相逢了尊敬的师长、志同道合的同窗……走过了一段段温暖的时光……

读博期间,在北洋园里,恩师闫广芬教授如慈母般关心支持我。在学习上,老师给予我大量的指导支持,尤其是全力支持指导我开展乡村职业教育的研究,让我找到了自己学术研究的方向。只是我生性愚钝,加之读博这几年,家庭、工作等方面的困难同时涌来,未能静下心来安静地学习,以致整个读博过程长达五六年!博士论文亦显得粗糙稚嫩,终究还是辜负了老师。在生活中,由于照顾家庭等原因,读博这些年我一直奔波于南昌和天津之间,老师给予了最大的包容,并常常跟我讲她当年读博的经历,勉励我克服困难,扎扎实实地打好基础。有时想想,到了这个年纪,还常能得到老师的批评教诲,何尝不是一种幸福?!

在整个求学过程中,一路都是贵人相携。原上海教科院马树超老师一直以来关心支持我的成长,至今都难以忘怀的是当年他给我写考博专家推荐信时,一字一句地修改,将修改好的推荐信发回给我邮箱时,已经是凌晨一点多!我的硕导朱爱莹老师,从本科到研究生,到参加工作这近二十年来,在人生的每一个关键口,总是支持鼓励我,而我也习惯了遇到事情总是第一个跟老师商量请教。江西科技师范大学的原校长郭杰忠老师、原副书记池泽新老师一直以来亦关心指导我的成长。郭杰忠老师多次赠送职业教育研究的书籍给我,鼓励支持我开展乡村职业教育研究;池泽新老师在校园网上看到我国家社科基金开题消息后,还特意发邮件勉励我做出优秀成果!江西科技师范大学的卢建平老师是我参加工作后的第一个领导,这些年来一直像教学生一样教我为人处世做学问。还有黄教珍老师,至今我都还记得读研究生时,她带我去宁波参加中青年职教论坛时鼓励支持我的话语!我何德何能,深得这些师长的厚爱!勤勉做事,问心做人,静下来,沉下去,老师们的教诲定要一生牢记,师恩似海,得用一生去回报!

而面对年迈的双亲,聚少离多,难以尽孝,常常担忧常自责……有着身不由己的酸楚;姐姐姐夫承担了照顾父母的重担,无条件地支持我求学。而爱妻文娟这些年默默地陪伴在我身边,为了照顾家庭,几乎中断了自己的漆画创作!亲人一路的支持鼓励,是我坚持的力量源泉,此情此意,难以用言语表达,唯有努力。

2021 年 12 月 20 日写于南昌

2024 年 8 月 20 日修改于南昌